汽车振动与噪声控制

全美娟　主编

北京工业大学出版社

图书在版编目（CIP）数据

汽车振动与噪声控制 / 仝美娟主编. — 北京 ：北京工业大学出版社，2020.4（2022.1 重印）
ISBN 978-7-5639-7352-1

Ⅰ. ①汽… Ⅱ. ①仝… Ⅲ. ①汽车—振动控制 ②汽车噪声—噪声控制 Ⅳ. ①U467.4

中国版本图书馆 CIP 数据核字（2020）第 061538 号

汽车振动与噪声控制

QICHE ZHENDONG YU ZAOSHENG KONGZHI

主　　编： 仝美娟
责任编辑： 张　贤
封面设计： 点墨轩阁
出版发行： 北京工业大学出版社
（北京市朝阳区平乐园 100 号　邮编：100124）
010-67391722（传真）　bgdcbs@sina.com
经销单位： 全国各地新华书店
承印单位： 三河市明华印务有限公司
开　　本： 710 毫米 ×1000 毫米　1/16
印　　张： 7.5
字　　数： 150 千字
版　　次： 2020 年 4 月第 1 版
印　　次： 2022 年 1 月第 2 次印刷
标准书号： ISBN 978-7-5639-7352-1
定　　价： 48.00 元

前　言

随着我国经济和汽车产业的急速发展，城市汽车的保有量不断增加，使城市的噪声污染越发严重。噪声对人们的生活影响很大，数据表明，汽车的振动与噪声不仅直接影响乘坐人员的舒适，也影响车辆和零件的使用寿命。汽车的结构往往比较复杂，各种因素都可能导致汽车振动与噪声。

基于此，本书将详细介绍汽车振动与噪声的理论基础，同时每章节后附有练习题。本书可以作高等院校振动和噪声控制课程的教材，也可供从事相关领域研究的工程技术人员参考。

本书在撰写过程中，借鉴了许多参考文献，在这里向这些著作的作者表示感谢，同时由于编者水平有限，加之时间仓促，书中难免存在不足之处，希望广大读者及专家学者批评指正。

目　　录

第一章　振动理论基础

第一节　振动概述

振动是指系统中运动量位移、速度、加速度等的振荡现象。说得更具体一些，振动是相对已知的参考系，系统中的一个随时间变化的运动量与其平均量相比，时大时小交替变化的现象。振动存在于自然界的各个方面。例如，汽车、火车、轮船等交通工具在行驶过程中由路面不平引起的振动和产生的振动；锻压机械工作时产生的振动；建筑物受风作用产生的振动；地球内部压力变化产生的振动（地震）等。在许多情况下，振动是有害的。它影响机械设备的工作性能和寿命，产生有损于建筑物的动载荷和不利于工作的噪声，影响交通工具的乘坐舒适性。对于精密加工机械（微电子行业）来说，很小的微振动都会影响产品的质量和性能。因此，人们应该将相关产品的振动量控制在允许的范围内。振动理论是分析任何机器和结构动态特性（又称动力学特性）的基础理论之一。

汽车是一种复杂的机器，它虽然在结构形式、工作状态方面有其特殊性，但是做动力学性能分析时，人们一般仍将其看成一个振动系统。汽车本身作为一个复杂的振动系统，内部各部分具有不同的固有频率。其在行驶过程中因路面不平、车速和运动方向的变化，车轮、发动机和传动系统的不平衡等各种外部和内部的激振作用而产生整车或局部的振动。这些振动使得汽车的动力性能得不到充分发挥，经济性变坏；同时也影响着汽车的通过性、操纵稳定性；会使驾驶员产生疲劳，影响汽车的安全行驶；使乘员感觉不舒服；有的甚至损坏汽车的零部件和运载的货物，缩短汽车寿命。

汽车的振动问题和一般机械的振动问题一样，可用图 1-1 所示的框图来表示。

图 1-1　振动系统模型框图

图 1-1 中的振动系统是指所研究的对象。对汽车振动而言，它可以是汽车中的某个零件、某个部件、某个子系统或整车系统，如传动轴、曲轴、悬架系统、发动机悬置系统、传动系统、轮胎系统、整车振动系统等。

从振动理论来说，图 1-1 中振动系统表示研究对象的振动特性，输入（或激励）表示初始干扰和激振等外界因素对系统的作用，输出（或响应）表示系统在输入或外界激励作用下的动态响应。汽车振动就是要分析系统、激励和响应三者之间的关系，探讨系统各参数对振动响应的影响，提出控制振动的方法。

根据图 1-1 我们可以把振动问题归为以下几类。

①响应分析，即已知输入和系统的参数，求系统的响应。人们一般会通过对系统振动位移、振动速度和振动加速度响应的分析，判断系统是否满足强度、刚度、允许振动水平的要求。

②动态设计，即已知系统的激励，设计合理的系统参数，满足预定要求的动态响应。

③系统识别，即系统在已知输入和输出的情况下求系统参数，对已有系统进行激振，测得激振下的响应，然后识别系统的结构参数。

④环境预测，即已知系统的输出和系统的参数，确定系统的输入，以判别系统的环境特性。

一、振动的基本要素

机械系统之所以会产生振动，从外部条件来看是因为系统受到了外界激励，从内部条件来看是由于系统具有质量和弹性。从能量转化过程来看，外界对系统的激励就是对系统做功，其中一部分能量转化为质量块的动能；另一部分转化为弹性件的变形势能。反复振动过程就是激励功、动能和势能之间的不断转换过程。如果系统没有阻尼，只要给系统以初始激励，振动就一直延续下去；若系统具有阻尼，而系统又没有继续从外界获得能量，则振动在经历一段时间之后终将停止。由此可见，激励、质量、弹性和阻尼是振动系统的四大要素。

因此，从实际机械简化出的理想力学模型若要确切反映其物理过程就要确定这四个要素。下面将对质量、弹性、阻尼器的特性予以说明。

1. 质量

在力学模型中，质量被抽象为不变形的刚体。根据牛顿第二定律，若对质量施加一作用力F_m，则该质量获得一个与此力方向相同、大小成正比的加速度$\ddot{x}$。F_m表示为

$$F_m = m\ddot{x} \tag{1-1}$$

式中，m为刚体质量，是惯性的一种量度。

对于扭振系统，广义力为扭矩M，广义加速度为角加速度$\ddot{\varphi}$，则扭矩与加速度成正比，表示为

$$M = J\ddot{\varphi} \tag{1-2}$$

式中，J为刚体绕其旋转中心轴的转动惯量。

在上述两式中，质量和转动惯量是表示力（力矩）和加速度（角加速度）关系的元件。

2. 弹性

在力学模型中，弹簧被抽象为无质量而具有线性弹性的元件。弹性元件在振动系统中会提供使系统恢复到平衡位置的弹性恢复力。恢复力与弹性元件两端的相对位移的大小成正比，表示为

$$F_k = -k(x_2 - x_1) \tag{1-3}$$

式中，负号表示弹性恢复力F与相对位移的方向相反；k为比例常数，通常称为弹簧常数或刚度。

扭转弹簧产生的是恢复力矩，扭转弹簧的位移是角度。

3. 阻尼

在力学模型中，阻尼器被抽象为既无质量又无弹性的阻尼力模型。在振动系统中，阻尼器一般用来提供系统运动的阻尼力，其大小与阻尼器两端相对速度成正比的阻尼器为线性阻尼器，阻尼力表示为

$$F_c = -c(\dot{x}_2 - \dot{x}_1) \tag{1-4}$$

式中，负号表示阻尼力的方向与阻尼器两端相对速度的方向相反；c为比例常数，称为阻尼系数。

实际振动系统中，除了以上的线性阻尼外，还有结构阻尼、摩擦阻尼等。

4. 激励

振动系统会受到各种各样的外界激励。当系统仅在开始受到外界干扰（位移或速度）时，系统靠本身固有特性进行的振动称为自由振动，也就是这时系

统所受的外界激励为零。若系统无阻尼，则系统将保持等幅振动；若系统有阻尼，则振动将在一定时间内逐渐衰减，直至停止。

如果系统受到外界持续激振，系统就会不断地从外界获得能量，补充阻尼所消耗的能量，使系统保持等幅振动。这种由外界激励所引起的振动称为强迫振动，其所引起的系统振动状态称为系统对激励的响应。对不同的外界激励，系统有不同的响应。最简单、最常见的外界激励就是简谐激振力，或由支座简谐运动引起的激励。人们常以此为基础研究单自由度系统在一般周期激励下强迫振动的响应，还有在其他非周期的任意激励下的强迫振动响应。

在国际单位制（SI）中，质量的单位为千克（kg）；转动惯量的单位为千克·米^2（kg·m^2）；力的单位为牛顿（N）；位移的单位为米（m）；扭矩的单位为牛·米（N·m）；速度的单位为米/秒（m/s）；直线弹簧刚度的单位为牛/米（N/m）；扭转弹簧刚度的单位为牛·米/弧度（N·m/rad）；阻尼系数的单位为牛·秒/米（N·s/m）。

二、振动的研究方法

解决振动问题的方法有两种，即理论分析和实验研究，二者是相辅相成的。在大量实践和科学实验基础上建立起来的理论会反过来对实践起指导作用，而从理论分析得到的每一个结论都必须通过实践来验证它是否正确。

1. 理论分析

振动问题的理论分析一般可分为下列几个步骤。

（1）建立力学模型

实际的振动系统往往很复杂，为便于分析和计算，人们必须抓住主要因素而略去一些次要因素，将实际系统简化和抽象为动力学模型。简化的程度取决于系统本身的复杂程度及计算结果的准确性等。

本节以汽车这样一个复杂的振动系统为例根据所分析的问题进行简化，如图 1-2 所示。图 1-2（a）为一个把汽车车身质量看作刚体的立体模型。汽车的簧载（车身）质量为 m_2，它由车身、车架及其上的零部件总成组成，通过减振器和悬架弹簧与车轴、车轮相连接。车轮和车轴构成的非簧载（车轮）质量为 m_1，车轮再经过具有一定弹性和阻尼的轮胎支承在不平路面上。这个模型中，车身质量讨论平顺性时主要考虑垂直、俯仰、侧倾三个自由度，四个车轮质量有四个垂直自由度，共七个自由度。

当汽车对称于其纵轴线时，汽车车身只有垂直振动和俯仰振动对平顺性影响最大。此时，将汽车简化成如图 1-2（b）所示的四个自由度平面模型，因轮胎阻尼较小，在此予以忽略，同时把质量 m_2、转动惯量为 I_y 的车身按动力学等效的条件分解为前轴上、后轴上及质心 C 上的三个集中质量 m_{2f}、m_{2r} 及 m_{2c}。在这个模型中，车身质量m_2主要考虑垂直和俯仰两个自由度，前后车轴质量 m_1 有两个垂直自由度 [见图 1-2（b）中的 m_{1f} 和 m_{1r}]。当汽车前、后轴悬架质量分配达到一定值时，前后悬架系统的垂直振动几乎是独立的，于是人们可以将汽车进一步简化为如图 1-2（c）所示的车身和车轮两个自由度振动系统。m_2 为簧载（车身）质量，m_1 为非簧载（车轮）质量，分析平顺性时，人们只考虑两个质量的垂直自由度在远离车轮部分，其固有频率（10~16 Hz）在较低激振频率范围（如 5 Hz 以下），轮胎动变形很小，忽略其弹性和轮胎质量，就得到如图 1-2（d）所示的最简单的单质量系统模型。

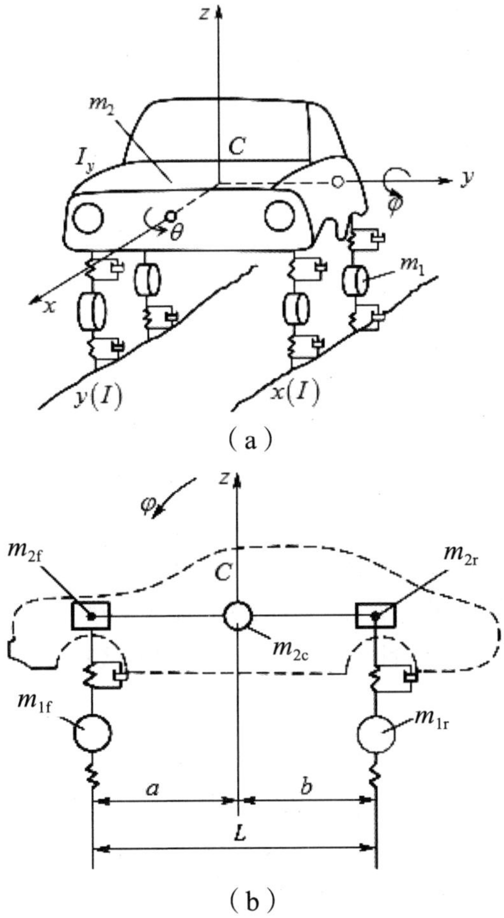

图 1-2　汽车振动系统模型

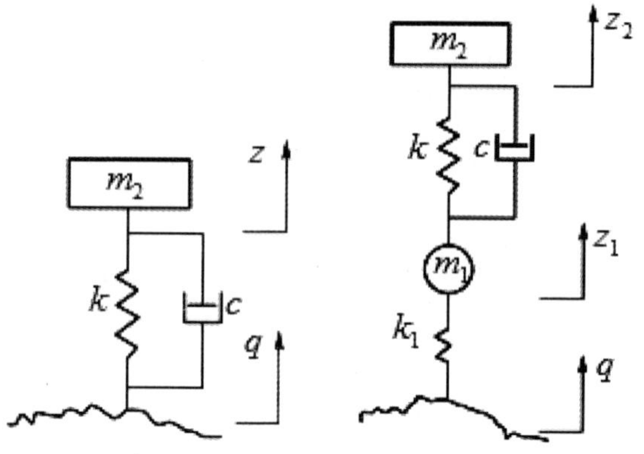

（c）　　（d）

图 1-2　汽车振动系统模型（续）

（2）建立运动方程

人们要对振动系统中的每个物体进行受力分析，由牛顿第二定律或达朗贝尔原理建立运动微分方程。在某些情况下，受力分析较困难，人们可以采用能量法如拉格朗日方程来建立运动微分方程。

（3）方程的求解

为得到描述系统振动的数学表达式，人们需要对数学模型进行求解。通常这种数学表达式是位移、速度、加速度等振动响应量的时间函数。它表明了系统响应与系统特性、激励等的关系。

（4）分析结论

根据方程的解提供的规律和系统的工作要求及结构特点，设计人员可以做出设计和改进，以获得问题的最佳解决方案。

2. 实验研究

实验研究通常进行两方面的工作：一方面，直接测量振动系统的响应，并分析系统的振动特性；另一方面，用已知的振源去激振研究对象，并测取振动响应，以把握系统的振动特性。实验研究的振动测试和分析的过程可用如图 1-3 所示的框图表示。

3. 理论分析与实验相结合

振动问题的研究离不开理论分析和实验研究，理论分析的结果需要通过实验来验证。通过实验的方法识别出的系统特性，需要人们用理论模型进一步分析。只有通过理论分析与实验验证相结合，才能更好地研究振动问题。

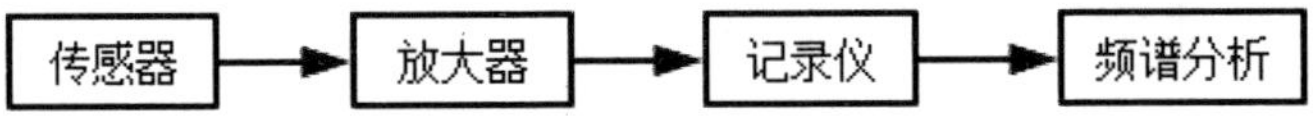

图 1-3　振动测试实验系统

三、振动的分类

根据输入、输出和系统特性等的不同，机械振动有以下各种不同的分类。

1. 根据系统的输入类型分类

①自由振动：系统受到初始干扰后，在没有外界激励作用时所产生的振动。

②强迫振动：系统在外界激励作用下产生的振动。

③自激振动：系统在输入和输出之间具有反馈特性，并有能源补充时产生的振动。

④参数振动：通过周期或随机改变系统的特性参数而实现的振动。

⑤固有振动：无激励时系统所有可能的振动关系的集合，其仅是可能的振动反应系统的固有属性。

2. 根据系统输出的振动规律分类

①简谐振动：振动量是时间的正弦或余弦函数的振动。

②周期振动：振动量是时间的周期函数的振动。

③非周期性振动：振动量不是时间的周期函数的振动，其又可以分为稳态振动和瞬态振动。稳态振动是非周期持续进行的等幅振动，瞬态振动是在一定时间内振动并逐渐消失的非周期振动。

④随机振动：振动量不是时间的确定函数的振动，因此不能预测，其只能通过概率统计的方法来研究。

3. 根据系统的自由度分类

①单自由度系统的振动：用一个独立坐标就能确定位置的系统的振动。

②双自由度系统的振动：需要两个广义坐标才可完全确定其位置和状态的系统的振动。

③多自由度系统的振动：用多个独立坐标才能确定位置的系统的振动，包括二自由度系统。

④无限多自由度系统的振动：用无限多个独立坐标才能确定位置的系统的振动，这种振动又称为弹性体的振动。

4. 根据描述系统的微分方程分类

①线性振动系统：用常系数线性微分方程式描述的系统所产生的振动。

②非线性振动系统：用非线性微分方程式描述的系统所产生的振动。

四、振动方程建立及响应的求解

振动方程建立：将所确定的振动系统中的每个物体作为隔离体进行受力分析，由牛顿第二定律或达朗贝尔原理建立运动微分方程。在某些情况下，受力分析较困难，可以采用能量法，如利用拉格朗日方程来建立运动微分方程。

振动响应求解：人们通过求解运动微分方程得到系统的响应，掌握振动规律，也就是得到振动系统的物理量如位移、速度、加速度等随时间t的变化规律，还可以通过运动方程得到系统的特征方程或频率方程，从而求出系统的固有频率、振动模态等，这样就可以设法抑制由振动带来的危害，从而更好地利用振动有利的一面。

下面以简谐振动和谐波分析为例进行具体介绍。

1. 简谐振动

简谐振动是指机械系统的某个物理量（位移、速度或是加速度）按时间的正弦（或余弦）函数规律变化的振动，它是最简单、最重要的周期振动，也是研究其他形式振动的基础。一个简谐变量可以用函数表达式、矢量或复数等形式来表示，不同的表示方法适用于不同的场合，如频域分析时用复数表达法就很方便。

（1）简谐振动的函数表示法

简谐振动的 x-t 图像是一条正弦（或余弦）曲线，如图 1-4 所示，若用正弦时间函数表示，其数学表达式为

$$x = A\sin(2\pi f + f) = A\sin(\omega t + \varphi) \tag{1-5}$$

式中，A为振幅，振动体离开静平衡位置的最远距离；f 为频率，$f = \dfrac{1}{T}$，表示振动快慢的程度或单位时间内振动的次数，单位为Hz；ω为圆频率，等于$2\pi f$，单位为 rad/s；φ 为初相位，表示质量块的初始位置，若质量块初始在静平衡位置，则$\varphi = 0$。

对简谐振动分别求一阶导数和二阶导数可分别得到简谐振动的速度和加速度，即

$$v = \dot{x} = A\omega\cos(\omega t + \varphi) = A\omega\sin\left(\omega t + \varphi + \frac{\pi}{2}\right) \tag{1-6}$$

$$a = \ddot{x} = -A\omega^2\sin(\omega t + \varphi) = A\omega^2\sin(\omega t + \varphi + \pi) \tag{1-7}$$

由公式可知振动速度的表达式也是简谐函数，与位移有相同的频率，相位比位移相位超前 90°，幅值是位移幅值的 ω 倍；振动加速度的表达式也是简谐函数，相位比位移相位超前 180°，幅值是位移幅值的 ω^2 倍。简谐振动的位移、速度和加速度的关系曲线见图 1-5。

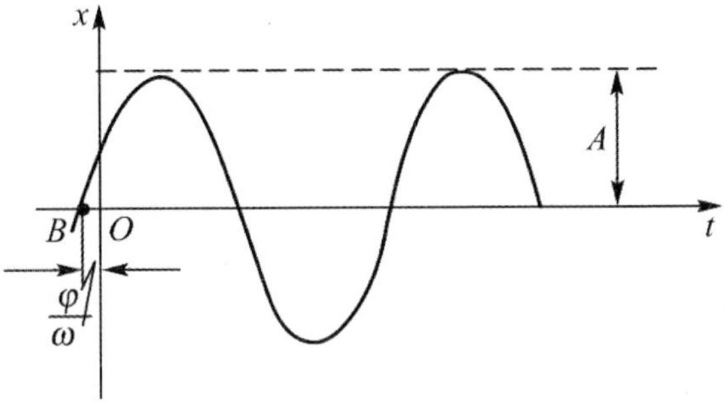

图 1-4 简谐函数图像

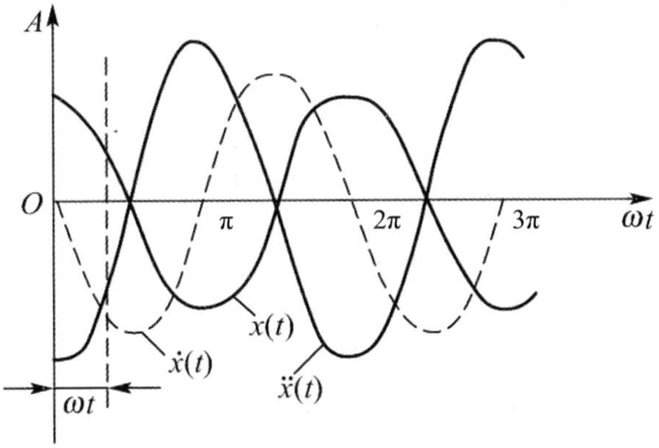

图 1-5 位移、速度和加速度关系曲线

由式（1-5）和式（1-7）得

$$\ddot{x}^2 = -\omega^2 x \tag{1-8}$$

这表明，在简谐振动中，加速度的大小和位移成正比，方向和位移成反比并且始终指向静平衡位置，这是简谐振动的一个重要特性。

（2）简谐振动的矢量表示法

简谐振动也可以用旋转矢量来表示，正弦函数振动可以看成是一个做等速圆周运动的点在铅垂轴上的投影，如图 1-6 所示。

从起始点 O 作旋转矢量 $\boldsymbol{OP}$，旋转矢量 $\boldsymbol{OP}$ 的模等于振幅 A，逆时针旋转的等角速度就是圆频率 ω，ωt 为旋转矢量 $\boldsymbol{OP}$ 在 t 时间内的转角。显然，上述简谐振动是周期运动，其周期 $T = 2\pi$。旋转矢量 $\boldsymbol{OP}$ 在铅垂轴上的投影为

$$x = A\sin(\omega t + \varphi) \tag{1-9}$$

简谐振动速度和加速度的表达式也是简谐函数，也可以用旋转矢量来表示，因此前面所说的位移、速度和加速度间的关系也可以用矢量来表示，如图 1-7 所示。

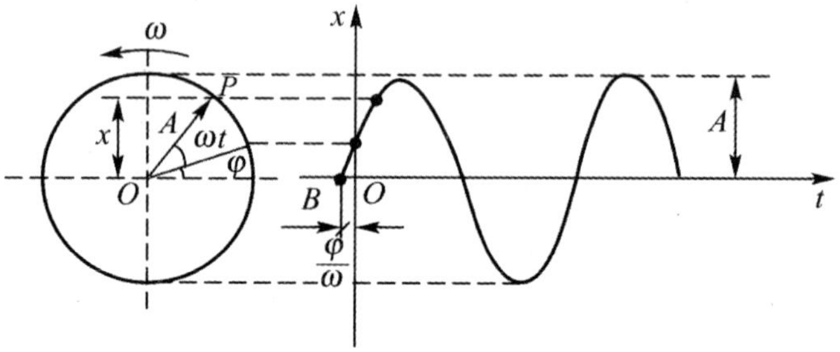

图 1-6　旋转矢量

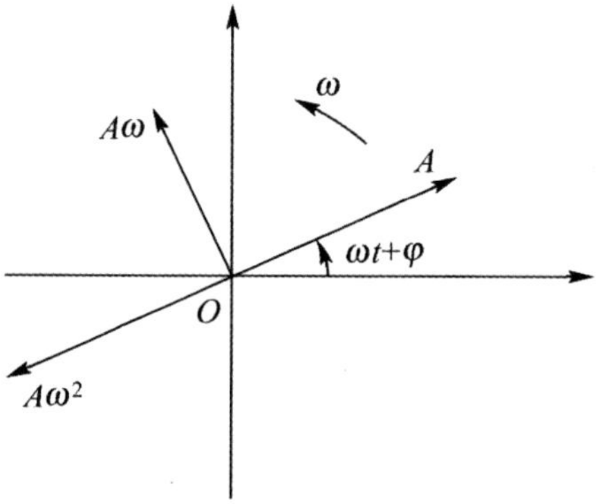

图 1-7　位移、速度和加速度矢量关系

两同频率的简谐振动可合成为一个同频率的简谐振动，如图 1-8 所示。

例如，已知$x_1 = a\cos\omega t$，$x_2 = b\sin\omega t$，则

$$\begin{aligned} x &= x_1 + x_2 \\ &= a\cos\omega t + b\sin\omega t \\ &= a\sin(\omega t + \frac{\pi}{2}) + b\sin(\omega t + 0) \\ &= A\sin(\omega t + \varphi) \end{aligned}$$

式中，A为合成振动的振幅，$A = \sqrt{a^2 + b^2}$；φ为合成振动的相位角，$\varphi = \arctan(a/b)$。

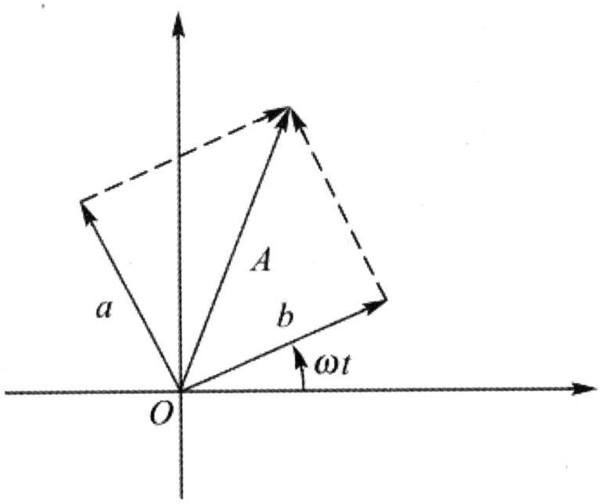

图 1-8　振动矢量的合成

（3）简谐振动的复数表示法

简谐振动也可用复数表示，把坐标平面xOy视为复平面，x轴当成实轴，y轴当成虚轴，则在复平面上的复数为

$$z = A\cos(\omega t+\varphi)+\mathrm{i}A\sin(\omega t+\varphi)=A\mathrm{e}^{\mathrm{i}(\omega t+\varphi)} \tag{1-10}$$

式中，i为虚数单位；$A\cos(\omega t+\varphi)$为复数z的实部，记为$R_e z$，为了书写方便，常简记为R_e；$A\sin(\omega t+\varphi)$为复数z的虚部，记为$I_m z$，为了书写方便，常简记为I_m。复数z代表模为A，以等角速度ω逆时针旋转的复数旋转矢量，如图1-9所示。

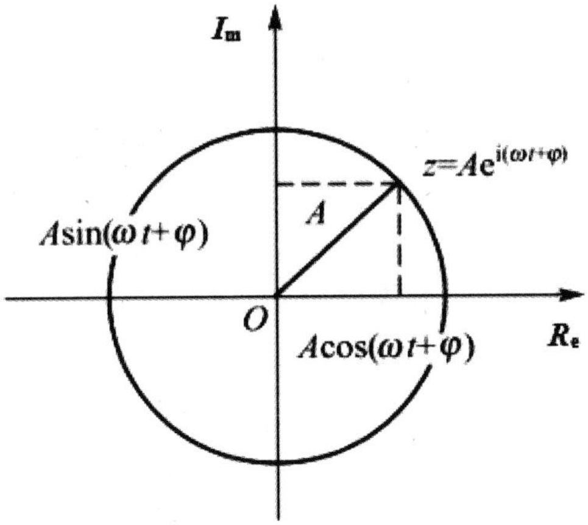

图 1-9　复数的旋转矢量

复数旋转矢量在任一轴上的投影都是简谐振动，即复数的实部与虚部都表示简谐振动，一般取虚部表示简谐振动规律，即

$$x = A\sin(\omega t+\varphi)=I_m A\mathrm{e}^{\mathrm{i}(\omega t+\varphi)}=A\mathrm{e}^{\mathrm{i}\omega t} \tag{1-11}$$

振动速度用复数指数形式可表示为

$$\dot{x}=\frac{\mathrm{d}}{\mathrm{d}t}(A\mathrm{e}^{\mathrm{i}\omega t})=A\mathrm{i}\omega\mathrm{e}^{\mathrm{i}\omega t}=A\omega\mathrm{e}^{\mathrm{i}(\omega t+\pi/2)} \tag{1-12}$$

加速度用复数指数形式可表示为

$$\ddot{x}=\frac{\mathrm{d}}{\mathrm{d}t}(A\mathrm{i}\omega\mathrm{e}^{\mathrm{i}\omega t})=-\omega^2A\mathrm{e}^{\mathrm{i}\omega t}=A\omega^2\mathrm{e}^{\mathrm{i}(\omega t+\pi)} \tag{1-13}$$

由公式可知，简谐振动的位移、速度和加速度，都可以用复数指数形式来表示。

2. 谐波分析

简谐振动是最简单的周期振动，而实际问题中更多的是非简谐的周期振动或非周期振动。任何一个周期函数只要满足以下条件都可以展开成傅里叶级数。

①函数在同一周期内连续或只有有限个间断点，间断点上函数的左、右极限都存在。

②在一个周期内，具有有限个极大、极小值。

把一个周期函数展开成一个傅里叶级数，即展开成一系列简谐函数之和，这个过程被称为频谱分析或谐波分析。把这种谐波分析法用于振动理论，人们就可以把一个任意周期振动分解为一系列简谐振动的叠加，如图 1-10 所示。

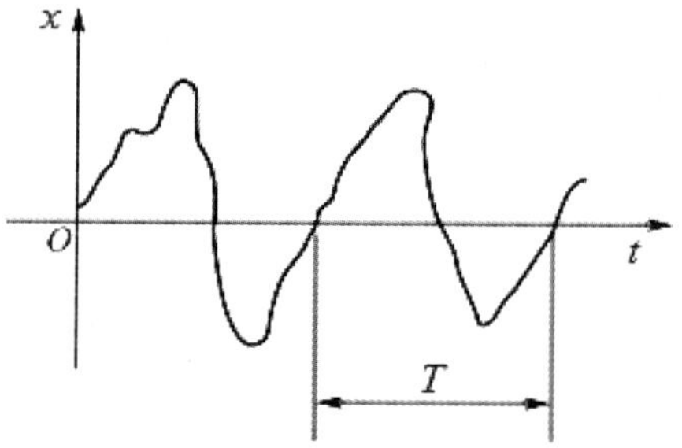

图 1-10　一般周期振动

设一周期函数为 $F(t)$，其周期为 T，展开成傅里叶级数如下

$$F(t)=\frac{a_0}{2}+\sum_{n=1}^{\infty}(a_n\cos n\omega_1 t+b_n\sin n\omega_1 t)$$

$$=\frac{a_0}{2}+a_1\cos\omega_1 t+a_2\cos 2\omega_1 t+\cdots+b_1\sin\omega_1 t+b_2\sin 2\omega_1 t+\cdots \tag{1-14}$$

式中，$\omega_1=2\pi/T$ 称为基频；a_0，a_1和b_n均为待定常数，称为傅里叶系数。只要$F(t)$ 是已知的，它们可从三角函数的正交性得到

$$a_0=\frac{2}{T}\int_0^T F(t)\,\mathrm{d}t$$

$$a_n=\frac{2}{T}\int_0^T F(t)\cos n\omega_1 t\mathrm{d}t$$

$$b_n=\frac{2}{T}\int_0^T F(t)\sin n\omega_1 t\mathrm{d}t \tag{1-15}$$

因此，任意周期振动函数可表示为

$$F(t)=\frac{a_0}{2}+\sum_{n=1}^{\infty}A_n\sin(n\omega_1 t+\varphi_n) \tag{1-16}$$

式中，$A_n=\sqrt{a_n^2+b_n^2}$，$f_n=\arctan\dfrac{a_n}{b_n}$。

由此可见，周期函数可用傅里叶级数展开为各阶谐波分量的叠加来表示。组成各谐波分量的频率是基频的整数倍，即ω_1，$2\omega_1$，$3\omega_1$，…，$n\omega_1$，而不含有其他频率的谐波分量。

为了把谐波分析的结果形象化，A_n，φ_n与ω_1之间的变化关系用图来表示，如图 1-11 所示。其中，A_n与ω之间的变化关系如图 1-11（a）所示，称为振幅频谱图或频谱图；φ_n与ω之间的变化关系如图 1-11（b）所示，称为相位频谱图。由于n取正整数，两张频谱图中的图形都是离散的垂直线，称为谱线。将上述方法用于振动分析，即称为频谱分析。

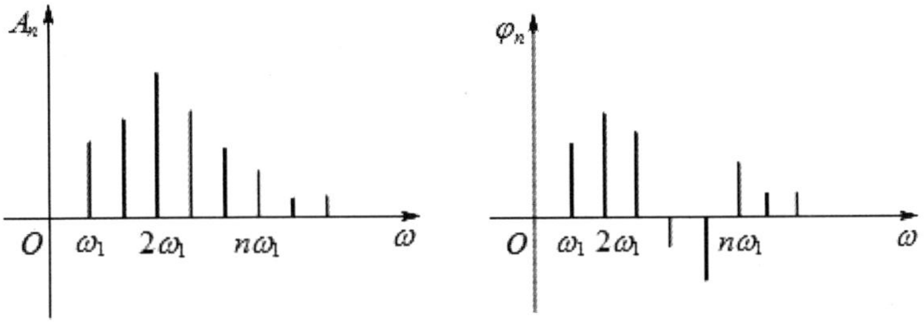

（a）　　　　　　　（b）

图 1-11　振幅和相位频谱图

例如，图 1-12 为矩形方波的时域图，矩形方波振动信号表达式为

$$F(t)=\begin{cases}F_0 & 0<t\leqslant \dfrac{T}{2}\\ -F_0 & \dfrac{T}{2}<t<T\end{cases}$$

根据式（1-15）可得

$$a_0=\frac{2}{T}\int_0^T F(t)\ \mathrm{d}t=\frac{2}{T}\left[\int_0^{\frac{T}{2}}F_0-\int_{\frac{T}{2}}^{T}F_0\right]=0$$

$$a_n=\frac{2}{T}\int_0^T F(t)\cos n\omega_1 t\mathrm{d}t=\frac{2}{T}\left[\int_0^{\frac{T}{2}}F_0\cos n\omega_1 t\mathrm{d}t-\int_{\frac{T}{2}}^{T}F_0\cos n\omega_1 t\mathrm{d}t\right]=0$$

$$
\begin{aligned}
b_n &= \frac{2}{T}\int_0^T F(t)\sin n\omega_1 t\mathrm{d}t \\
&= \frac{2}{T}\left[\int_0^{\frac{T}{2}} F_0 \sin n\omega_1 t\mathrm{d}t - \int_0^T F_0 \sin n\omega_1 t\mathrm{d}t\right] \\
&= \frac{2F_0}{n\pi}(1-\cos n\pi) \\
&= \frac{4F_0}{n\pi} \quad (n=1, 3, 5, \cdots)
\end{aligned}
$$

由式（1-15）也可得矩形波的傅里叶级数为

$$
F(t)=\frac{4F_0}{\pi}\sum_{n=1,3,5\cdots}^{\infty}\frac{\sin n\omega_1 t}{n}=\frac{4F_0}{\pi}\left[\frac{\sin\omega_1 t}{1}+\frac{\sin 3\omega_1 t}{3}+\frac{\sin 5\omega_1 t}{5}+\cdots\right]
$$

该矩形方波的振动信号的频谱分析结果，如图 1-13 所示。

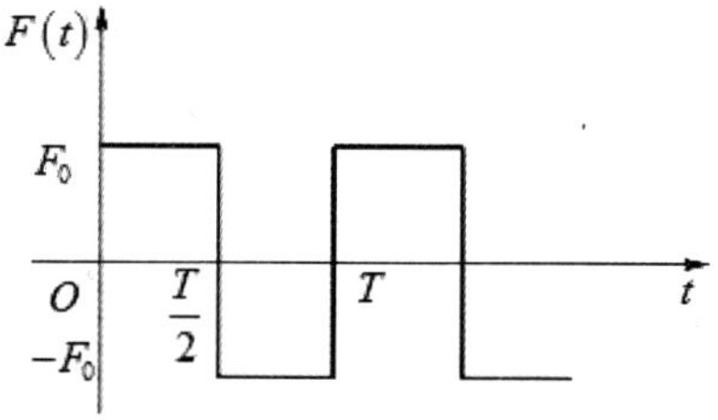

图 1-12　矩形方波的时域图

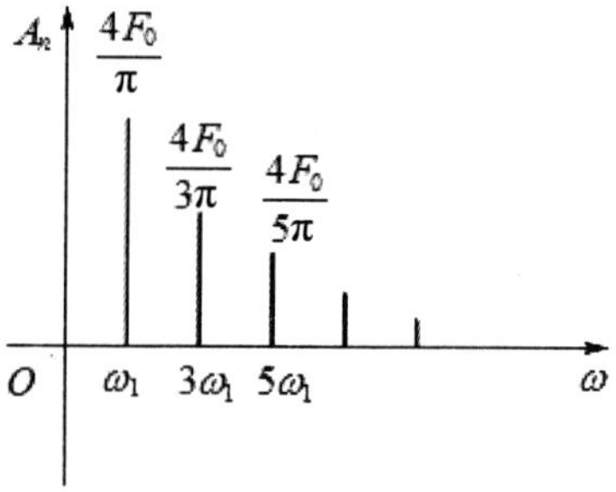

图 1-13　矩形方波的频谱图

第二节　单自由度系统的振动

一、单自由度振动系统

单自由度振动系统指的是在振动过程中，系统的任一瞬间形态由一个独立坐标即可确定的系统。单自由度振动系统是振动分析中最简单的一种，因为它只需要一个坐标就能完整地描述其运动规律。

某些实际系统之所以可以简化成单自由度振动系统，或者是因为系统本身很简单，如钟摆；或者是因为实际系统分析精度要求、研究目的所限，如在不平路面激励作用下，只研究汽车车身的垂直振动，其他质量和其他方向的振动忽略不计，这样就可以把汽车这样一个复杂的振动系统简化成一个单自由度振动系统。此外，在进行复杂系统特殊模态振动分析时，人们通常要构造该系统的单自由度模型。因为单自由度系统的分析是振动分析的基础，即使很复杂的多自由度振动系统问题经过解耦后也就转化为单自由度系统问题，可以用单自由度振动系统分析的方法来分析。

1. 无阻尼自由振动

无阻尼单自由度系统如图 1-14 所示，由质量m和弹簧刚度k所组成。弹簧在质量块的作用下产生压缩变形，同时也产生弹簧恢复力。在忽略弹簧自重的情况下，处于静平衡位置状态时，弹簧的压缩变形量x_{st}满足

$$mg = kx_{st} \tag{1-17}$$

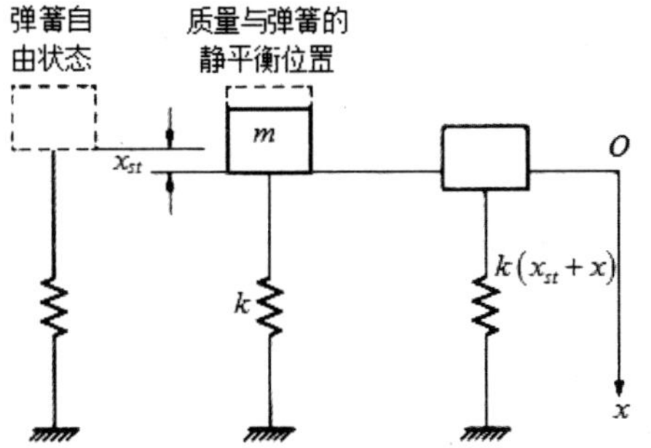

图 1-14　无阻尼单自由度系统

若系统受到外界干扰，则系统的平衡状态将会遭到破坏，弹簧恢复力将不等于重力，二者之差将使系统产生自由振动。如以平衡位置为坐标原点，建立图 1-14 所示的铅垂方向的坐标x，则质量块从平衡位置x_{st}运动到x位置时弹簧恢复力为$k(x_{st}+x)$，作用在质量块上的力为

$$f = mg - k(x_{st} + x) = -kx \tag{1-18}$$

根据牛顿第二定律，可建立运动方程

$$m\ddot{x} = f = -kx\text{或}m\ddot{x} + kx = 0 \tag{1-19}$$

式（1-19）即为无阻尼单自由度系统的自由振动微分方程式。由该方程我们可知：由于质量m和刚度k恒为正数，故在单自由度系统的无阻尼自由振动中的位移和加速度方向始终相反。式（1-19）两边除以m，并令$\omega_n^2 = k/m$，可得

$$\ddot{x} + \omega_n^2 = 0 \tag{1-20}$$

由常微分方程理论，式（1-20）的通解可表示为

$$x = C_1 \cos\omega_n t + C_2 \sin\omega_n t \tag{1-21}$$

式中，C_1与C_2为任意常数，由系统初始条件确定。由式（1-21）我们可知，单自由度系统的自由振动由两个频率相同的简谐振动合成。由谐波的合成可知，两个频率相同的简谐振动合成后仍为同频率的简谐振动，即

$$x = C\sin(\omega_n t + \varphi) \tag{1-22}$$

式中，C为自由振动的振幅，表示质量偏离平衡位置的最大值，$C = \sqrt{C_1^2 + C_2^2}$；φ为初相位角，单位为rad，$\varphi = \arctan\dfrac{C_1}{C_2}$，取决于初始条件。设系统初始条件为$t = 0$，$x = x_0$，$\dot{x} = \dot{x}_0$，两任意常数可确定为$C_1 = x_0$，$C_2 = \dot{x}_0/\omega_n$，则系统无阻尼自由振动解为

$$x = x_0\cos\omega_n t + \frac{\dot{x}_0}{\omega_n}\sin\omega_n t = \sqrt{x_0^2 + \left(\frac{\dot{x}}{\omega_n}\right)^2}\sin\left(\omega_n t + \tan^{-1}\frac{x_0\omega_n}{\dot{x}_n}\right) \tag{1-23}$$

由此可知，单自由度系统不论受怎样的初始干扰，其自由振动均是一个简谐振动，其固有振动圆频率为

$$\omega_n = \sqrt{\frac{k}{m}}\ (\text{rad/s}) \tag{1-24}$$

固有频率为

$$f = \frac{\omega_n}{2\pi} = \frac{1}{2\pi}\sqrt{\frac{k}{m}}\ (\text{Hz}) \tag{1-25}$$

固有周期为

$$T = \frac{1}{f} = 2\pi\sqrt{\frac{m}{k}}\ (\text{s}) \tag{1-26}$$

由上式我们可知，对于无阻尼振动系统，只要系统的m、k一定，系统的固有振动频率和周期都是不变的定值。除此之外，当系统刚度相同时，质量大的固有振动频率低；当质量相同时，刚度大的固有频率高。

2. 具有黏性阻尼的自由振动

在上面我们讨论了无阻尼振动系统，但在实际振动系统中不可避免地存在阻尼。当一个物体以低速在黏性液体内运动，或者如阻尼器那样使液体从很窄的缝隙通过时，其阻力与相对速度成正比。如图 1–15 所示为由质量m、弹簧刚度k、黏性阻尼系数c组成的有阻尼单自由度振动系统。

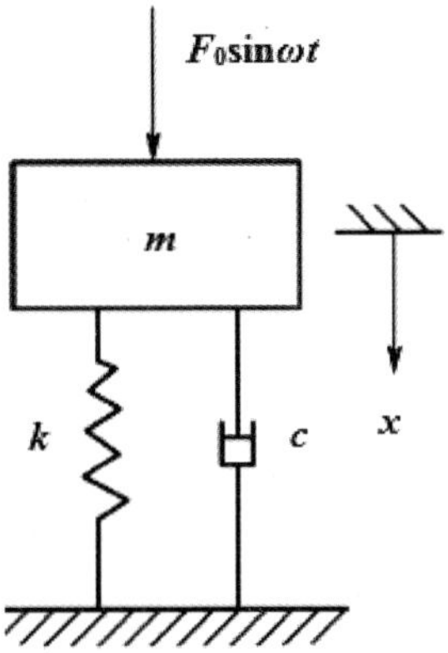

图 1–15　简谐激励作用下的自由度系统

该系统的运动微分方程为

$$m\ddot{x}+c\dot{x}+kx=0 \tag{1-27}$$

由式（1–27）可得

$$\ddot{x}+2\zeta\omega_n\dot{x}+\omega_n^2x=0 \tag{1-28}$$

式中，$\omega_n=\sqrt{k/m}$为无阻尼固有圆频率；$\zeta=\dfrac{c}{c_c}=\dfrac{c}{2m\omega_n}=\dfrac{c}{2\sqrt{mk}}$为阻尼比，$c_c=2\sqrt{km}$。

令式（1–28）的特解为$x=\mathrm{e}^{st}$，代入该方程，得到系统特征方程为

$$s^2+2\zeta\omega_n s+\omega_n^2=0 \tag{1-29}$$

由式（1–29）可解得系统的特征根为

$$s_{1,2}=(-\zeta\pm\sqrt{\zeta^2-1})\ \omega_n$$

则式（1–28）的通解为

$$x=C_1\mathrm{e}^{(-\zeta+\sqrt{\zeta^2-1})\ \omega_n t}+C_2\mathrm{e}^{(-\zeta-\sqrt{\zeta^2-1})\ \omega_n t} \tag{1-30}$$

式中，C_1与C_2仍是由系统初始条件确定的常数。由于包括了能量耗散机制，由式（1–30）代表的单自由度系统的自由振动总体表达为衰减运动，并随着阻尼比ζ不同的取值范围而有所不同，这说明系统的运动衰减形态是由其阻尼比决定的。在不同阻尼比的情况下，$\sqrt{\zeta^2-1}$可能为虚数、实数或零，则振

动微分方程对应三种不同的解，这也意味着系统的运动衰减形态有三种。当$\zeta<1$时，为欠阻尼形态；当$\zeta>1$时，为过阻尼形态；欠阻尼到过阻尼的临界点$\zeta=1$，为临界阻尼形态。以下对它们进行分别讨论。

①欠阻尼形态（$\zeta<1$），特征根为

$$s_{1,2}=(-\zeta\pm j\sqrt{1-\zeta^2})\ \omega_n$$

式中，j为虚数单位。

应用欧拉公式后式（1-30）可转化成

$$x=e^{-\zeta\omega_n t}(A\cos\omega_d t+C\sin\omega_d t) \tag{1-31}$$

或写为

$$x=Be^{-\zeta\omega_n t}\sin(\omega_n t+\varphi) \tag{1-32}$$

可见此时运动为衰减运动，其振动频率为

$$\omega_d=\omega_n\sqrt{1-\zeta^2}=\sqrt{\omega_n^2-n^2}$$

人们称之为系统的阻尼固有频率。该运动曲线如图 1-16 所示。

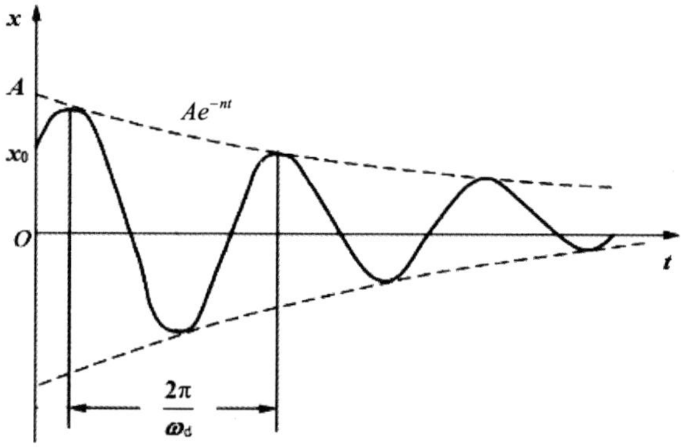

图 1-16　欠阻尼系统衰减振动曲线

式（1-31）中的常数A和C或式（1-32）的振幅B及初相角φ由系统的初位移、初速度及系统本身的参数确定，有

$$A=x_0,\quad C=\frac{\dot{x}_0+\zeta\omega_n x_0}{\omega_d}$$

$$B=\sqrt{x_0^2+\frac{(\dot{x}_0+\zeta\omega_n x_0)^2}{\omega_d^2}},\quad \varphi=\arctan\frac{\omega_d x_0}{\dot{x}_0+nx_0}$$

②过阻尼形态（$\zeta>1$），此时特征根s_1和s_2为负实数。从式（1-30）人们可以看出系统被初始扰动后的运动并不振荡，只是单调地以指数规律衰减趋于平衡位置。

③临界阻尼形态（$\zeta=1$），此时s_1和s_2是重根，都等于$-\omega_n$，则式（1-28）

的通解的形式可写为

$$x = (D + Et)\ e^{-\omega_n t} \tag{1-33}$$

式中，D和E为由系统初始条件及系统本身参数确定的常数。

这也是非振荡衰减运动。

可以想象，作为一个孤立的点，临界阻尼形态物理上是很少遇到的，但临界阻尼概念的提出实际是为了引入一个分析上更有意义的量：临界阻尼系数c_c。对$\zeta=1$，有

$$c = c_c = 2\sqrt{km} \tag{1-34}$$

c_c为临界阻尼系数，物理本质上c_c和系统的阻尼无关，如式（1-34），$c_c = 2\sqrt{km}$，它是由系统的质量和刚度决定的量。人们定义出c实际是想说明当系统的物理黏性阻尼系数c小于由该系统质量和刚度确定的量$c_c = 2\sqrt{km}$时，初始扰动后系统会表现出振荡衰减运动，否则运动将只衰减而不振荡。

二、强迫振动——谐波激励和周期激励

强迫振动是指系统有外部激励期间表现的振动。外界激励可以是作用在质量块上的力，如图 1-17 所示。对于一般的单自由度弹簧、质量振动系统，在外界激振力作用下的微分方程为

$$m\ddot{x} + c\dot{x} + kx = f(t) \tag{1-35}$$

其中，激励$f(t)=0$时，系统就做强迫振动。激励$f(t)$不同时，系统所作的强迫振动也不同。

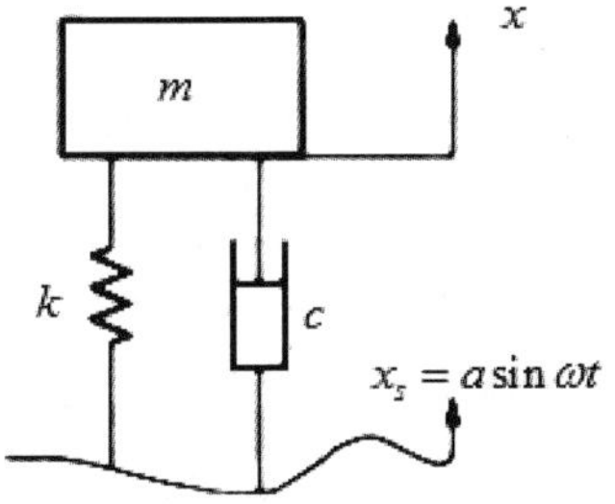

图 1-17　简谐激励作用下的自由度系统

1. 简谐激励作用下系统的响应

单自由度系统在简谐激励的作用下所产生的振动称为单自由度系统对简谐激励的响应，其中包括由初始条件决定的随时间逐渐减小的自由振动和由激励函数决定的受迫振动。由于阻尼的存在，自由振动将会很快消失，是系统的瞬态响应；只剩下由激励函数所引起的等幅振动，称为稳态响应。

（1）振动方程和稳定解

若激励$f(t)=F\sin\omega t$，即为正弦简谐激振力。如图 1-17 所示即为单自由度振动系统受到简谐激振力的作用，其运动微分方程为

$$m\ddot{x}+c\dot{x}+kx=F_0\sin\omega t \tag{1-36}$$

式中，F_0为激振力的幅值；ω为激振力的圆频率。

式（1-36）是一个非齐次方程，它的全解为$x(t)=x_1(t)+x_2(t)$，其中$x_1(t)$是对应的齐次方程的通解，即前述自由振动的解。

$$x_1(t)=A\mathrm{e}^{-\zeta\omega_n t}\sin(\omega_d t+\varphi) \tag{1-37}$$

在小阻尼状态下是一个衰减振动，并且只在振动开始后的一段时间内存在，不久便消失的振动被称为瞬态振动。$x_2(t)$是非齐次方程的特解，表示系统在简谐激振力下产生的强迫振动，是一种持续的等幅振动，称为稳态振动。其特解的形式也是简谐函数，其稳态响应为

$$x_2(t)=A\sin(\omega t-\varphi) \tag{1-38}$$

式中，$A=\dfrac{F}{k\sqrt{(1-\lambda^2)^2+(2\zeta\lambda)^2}}$为稳态振动的振幅；$\lambda=\dfrac{\omega}{\omega_n}$为频率比；$\omega$为激振频率；$\varphi=\arctan\dfrac{2\zeta\lambda}{1-\lambda^2}$为相位角。

（2）系统的幅频特性与相频特性

在简谐激励引起的受迫振动中，振幅随频率比的变化而变化的规律，称为系统的幅频特性。激振力与位移之间的相位差随频率比的变化而变化的规律，称为系统的相频特性。

如图 1-18 所示为系统在静态力F作用下所产生的静位移$A_{st}=F/k$；振幅A与静位移A_{st}之比，称为振幅放大率，也称放大因子，即

$$\beta=\frac{A}{A_{st}}=\frac{1}{\sqrt{(1-\lambda^2)^2+(2\lambda\zeta)^2}} \tag{1-39}$$

由式（1-39）可见，振幅放大率是频率比λ与阻尼比ζ的函数，是系统振幅无量纲的参数，其特性反映了系统的幅频特性。

β 和 φ 随λ的变化曲线被称为系统的幅频响应曲线及相频响应曲线，它们分别给出在图 1-18 和图 1-19 中。

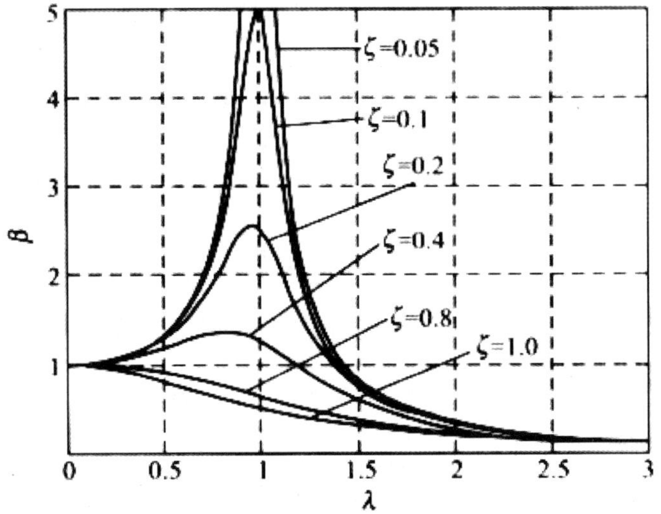

图 1-18　幅频响应特性

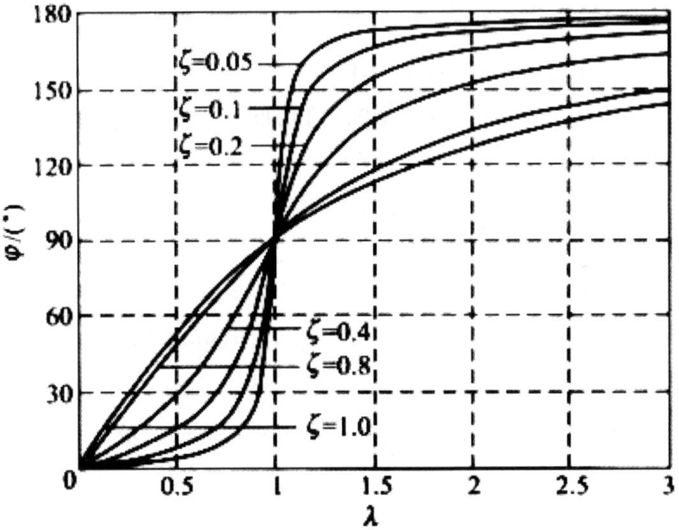

图 1-19　相频响应特性

由两曲线可见：

①当频率比 $\lambda<1$ 时，即激振频率ω远大于系统的固有频率时，不论阻尼比ζ大小，β一直趋于 0。因为激振力方向改变太快，振动物体由于惯性来不及跟随，几乎停止不动，故在高频区内，振幅A主要取决于系统的惯性。这一特性正是隔振和惯性传感器的理论依据。

②当频率比 $\lambda\approx1$ 时，即激振频率ω远小于系统的固有频率时，无论阻尼比ζ大小如何，β 均接近于 1，即振幅近似等于激振力幅值F_0作用下的静变形

A_{st}，故在低频区内，振幅 A 主要由弹簧刚度控制。此时，相位差$\varphi \approx 0$，即位移与激振力接近于同相位。

③当频率比 $\lambda > 1$，即ω接近于系统的固有频率时，阻尼比ζ大小极大地影响β。β 趋于β_{max}，振幅A急剧增加，这种现象称为共振。严格地讲，β_{max}发生在$\lambda = \sqrt{1-2\zeta^2}$处，但通常由于阻尼比$\zeta^2 < 1$，故一般视作激励频率等于系统故有频率，即时系统发生共振。共振时，振幅A达到最大值$A_{max} = \dfrac{A_{st}}{2\zeta}$，相位差$\varphi = \dfrac{\pi}{2}$。由此可见，在共振时振幅最大值$A_{max}$与阻尼比$\zeta$的值有关，$\zeta$越小，则$A_{max}$越大。但共振时的$\varphi$值与阻尼比$\zeta$的值无关，不论$\zeta$为何值，共振时的$\varphi = \dfrac{\pi}{2}$，这是共振时的一个重要特征。

分析幅频响应与相频响应所引出的共振现象是传统的共振实验法测定系统固有频率的理论基础。

2. 简谐支承激振下系统的响应

系统除了会在上述简谐外力作用下产生强迫振动外，还可能因支承点的激励而产生强迫振动，如汽车在不平路面上行驶时产生的振动就是这种情况。

（1）运动方程的建立和系统的响应

简谐支承激振作用下的单自由度系统的运动微分方程为

$$m\ddot{x} + c\dot{x} + kx = kx_s + c\dot{x}_s \tag{1-40}$$

其中$x_s = a\sin\omega t$，为支承的激励。由此可见系统相当于作用了两个激振力，一个是由弹簧传递的弹性力，另一个是由阻尼传递的阻尼力。

设$x = Be^{i(\omega t-\varphi)}$，支承点运动也写成指数形式$x_s = ae^{i\omega t}$，代入式（1-40）可得

$$\left[(k - m\omega^2) + ic\omega\right]Be^{i(\omega t-\varphi)} = (k + ic\omega)\ ae^{i\omega t}$$

$$Be^{-i\varphi} = \frac{a(k + ic\omega)}{(k - m\omega^2) + ic\omega}$$

根据复数运算法则，可求得复数矢量的模和相位，即振动响应的振幅B和相位差φ。

$$B = a\sqrt{\frac{k^2 + (c\omega)^2}{(k - m\omega^2)^2 + (c\omega)^2}} = a\sqrt{\frac{1 + (2\zeta\lambda)^2}{(1 - \lambda^2)^2 + (2\zeta\lambda)^2}} \tag{1-41}$$

$$\varphi = \arctan\frac{2\zeta\lambda^3}{(1-\lambda^2) + (2\zeta\lambda)^2} \tag{1-42}$$

（2）幅频响应特性和相频响应特性

由式(1-41)可求得系统振幅值与支承运动幅值之比，这也一个无量纲的值，也称放大因子：

$$\beta=\frac{B}{a}=\sqrt{\frac{1+(2\zeta\lambda)^2}{(1-\lambda^2)^2+(2\zeta\lambda)^2}} \tag{1-43}$$

式（1-42）和式（1-43）所表示的幅频特性和相频特性如图 1-20 和图 1-21 所示。

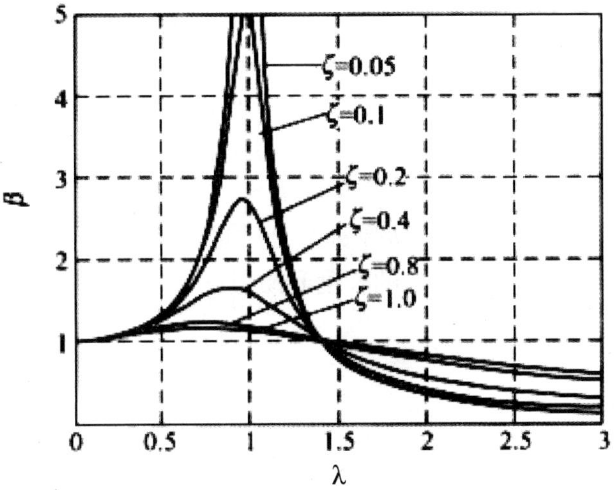

图 1-20 系统的幅频特性

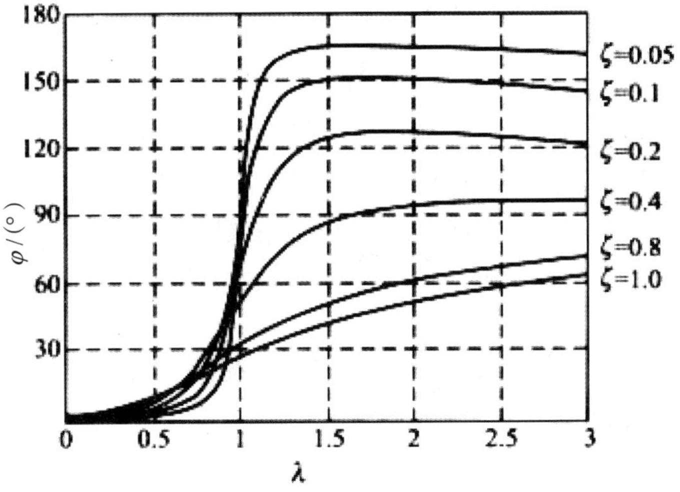

图 1-21　系统的相频特性

从图 1-20 和图 1-21 可知：

①当$\lambda < 1$时，激振频率ω很低，$B/a \approx 1$，相位差$\varphi > 0$。此时，汽车车身相对于路面几乎不动。

②当$\lambda = 1$时，即$\omega = \omega_n$，$\tan\varphi = \dfrac{1}{2\zeta}$，$\varphi$角不再是 90° 。阻尼比越小，共振峰值越大，加大阻尼比ζ可使共振峰值明显下降。

③当$\lambda = \sqrt{2}$时，无论ζ为何值，所有曲线都交汇于$B/a = 1$处，即$B=a$。

④当$\lambda = \sqrt[3]{2}$时，$B/a<1$，对输入起衰减作用，阻尼比ζ越小，λ越大，路面不平激励对车身的影响越小，对减振越有利。

很明显，人们对于实际问题的振动分析，首先要将问题表达成如式（1-35）所示的形式，方程中加速度、速度和位移项前的系数就是等效的“质量”“阻尼系数”和“弹簧常数”。

例 1.1　如图 1-22 所示的串联弹簧系统，求取其等效刚度及等效质量，分别考虑两种情况：一是不包括弹簧本身质量；二是包括弹簧本身质量（设l_1、ρ_1和l_2、ρ_2分别为弹簧k_1、k_2的长度和质量线密度）。求系统的自由运动微分方程。

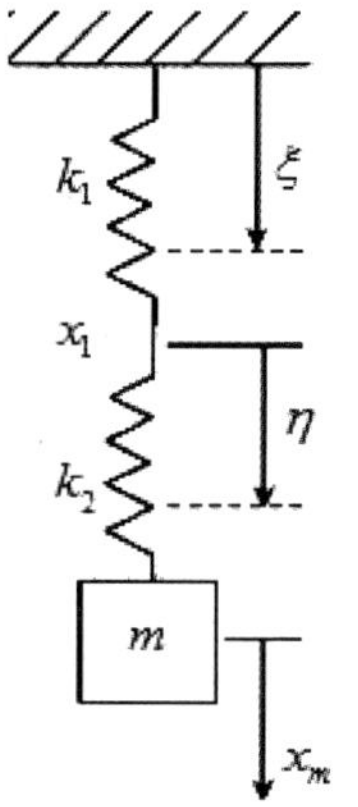

图 1-22　串联弹簧系统

解：在目前假设范围内包括或不包括弹簧本身质量对系统的等效弹簧刚度均无影响。

弹簧串联，各弹簧所受力相等，图示情况皆为mg，则弹簧k_1的变形为mg/k_1，而弹簧k_2的变形为mg/k_2。设系统等效弹簧刚度系数为k_e，质量m的总变形应为各弹簧变形之和，故

$$\frac{mg}{k_e} = \frac{mg}{k_1} + \frac{mg}{k_2}$$

则有

$$k_e = \frac{k_1 k_2}{k_1 + k_2}$$

①不考虑弹簧本身质量时，系统等效质量即为集中质量，$m_e = m$。

②包括弹簧本身质量时，设振动时弹簧的每点变形位移形态类同于静力mg作用时的位移形态。弹簧串联，各弹簧受力相等，由$k_1 x_1 = k_2(x_m - x_1)$得

$$x_1 = \frac{k_2}{k_1 + k_2} x_m$$

设弹簧k_1上距固定端的距离为ξ的点的变形位移为x_ξ，则有

$$x_\xi = \frac{x_1}{l_1}\xi = \frac{x_m k_2}{l_1(k_1 + k_2)}\xi \tag{a}$$

同样，设弹簧k_2上距两弹簧连接处x_1的距离为η的点的变形位移为x_η，则有

$$x_\eta = x_1 + \frac{x_m - x_1}{l_2}\eta = \frac{x_m}{(k_1 + k_2)}\left(\frac{k_2}{l_2}\eta + k_2\right) \tag{b}$$

振动中弹簧分布质量产生的动能为

$$T_{k_1 k_2} = \int_0^{l_1} \frac{1}{2}\rho_1 \dot{x}_\xi^2 \mathrm{d}\xi + \int_0^{l_2} \frac{1}{2}\rho_2 \dot{x}_\eta^2 \mathrm{d}\eta \tag{c}$$

由式（a）和（b）可得

$$\dot{x}_\xi = \frac{\dot{x}_m k_2}{l_1(k_1 + k_2)}\xi, \quad \dot{x}_\eta = \frac{\dot{x}_m}{(k_1 + k_2)}\left(\frac{k_2}{l_2}\eta + k_2\right)$$

代入式（c）并积分后得

$$T_{k_1 k_2} = \frac{1}{2}\frac{\rho_1 l_1 k_2^2 + \rho_2 l_2(k_1^2 + 3k_1 k_2 + 3k_2^2)}{3(k_1 + k_2)^2}\dot{x}_m^2$$

系统总动能为

$$T = T_m + T_{k_1 k_2} = \frac{1}{2}\left[m + \frac{\rho_1 l_1 k_2^2 + \rho_2 l_2(k_1^2 + 3k_1 k_2 + 3k_2^2)}{3(k_1 + k_2)^2}\right]\dot{x}_m^2 = \frac{1}{2}m_e \dot{x}_m^2$$

系统总势能为

$$U = \frac{1}{2}k_e x_m^2 = \frac{1}{2}\frac{k_1 k_2}{k_1 + k_2}x_m^2$$

不考虑阻尼系统为保守系统，则有

$$\frac{d}{\mathrm{d}t}(T + U) = 0$$

求导得系统自由振动方程为

$$m_e \ddot{x}_m + k_e x_m = 0$$

其中等效质量和等效刚度分别为

$$m_e = m + \frac{\rho_1 l_1 k_2^2 + \rho_2 l_2(k_1^2 + 3k_1k_2 + 3k_2^2)}{3(k_1 + k_2)^2}, \quad k_e = \frac{k_1 k_2}{k_1 + k_2}$$

推导中设弹簧振动时每点变形位移形态类同于静力作用时的位移形态，这是一个对推导等效质量起关键作用的假设，实践证明此假设近似程度很高。这种先假设振动系统动态变形形态，再来计算相关量的建模方法被称为瑞利法。很明显，此法的精度很大程度上取决于所假设动态变形形态的精度。

（3）周期激励响应

上述谐波激励考虑的是一个单频率的谐波力激励或支承激励。如果激励并不是单频谐波，而是周期函数的激励，则可利用周期函数的傅里叶级数展开，然后将问题转化为求取基频加一系列倍频的谐波函数激励的响应。由于系统运动方程是常系数线性微分方程，叠加原理成立，整个响应也就是每个谐波函数激励响应的叠加。以下用一个例子说明这个过程。

例 1.2　一个弹簧质量单自由度振动系统受到如图 1-23 所示的力幅为一个单位力的矩形波周期函数激励 $f(t)$ 的作用，求系统的稳态强迫振动响应。

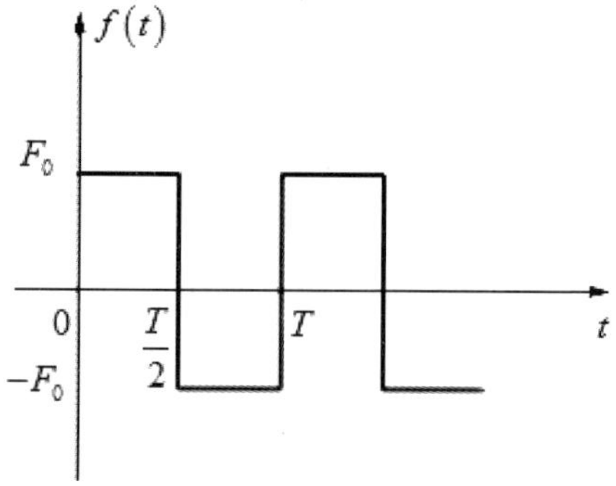

图 1-23　周期方波激励函数

解：在一个周期内，激励力表达为

$$f(t) = \begin{cases} F_0 & 0 < t < T/2 \\ -F_0 & T/2 < t < T \end{cases}$$

$f(t)$ 满足狄里赫利条件，可以用傅里叶级数展开

其中，$f(t) = \frac{a_0}{2} + \sum_{i=1}^{\infty}(a_i \cos i\omega_1 t + b_i \sin i\omega_1 t)$

$$\omega_1 = \frac{2\pi}{T}, \quad a_0 = \frac{2}{T}\int_0^T f(t)\,\mathrm{d}t$$

$$a_i = \frac{2}{T}\int_0^T f(t)\cos i\omega_1 t\mathrm{d}t \ (i = 1,2,3\cdots)$$

$$b_i = \frac{2}{T}\int_0^T f(t)\ \sin i\omega_1 t\mathrm{d}t \ (i = 1,2,3\cdots)$$

因为一个周期内$f(t)$总面积为零，故

$$a_0=0$$

[0，T] 内$f(t)$与$T/2$反对称，与$\cos i\omega_1 t$对称，则

$$a_i=0\ (i=1,2,3\cdots)$$

由b_i的计算表达式，可算得

$$b_i=\begin{cases}\dfrac{4F_0}{i\pi} & i=1,3,5,\cdots\\ 0 & i=2,4,6,\cdots\end{cases}$$

因此，系统的运动微分方程为

$$m\ddot{x}+c\dot{x}+kx=f(t)=\frac{a_0}{2}+\sum_{i=1}^{\infty}(a_i\cos i\omega_1 t+b_i\sin i\omega_1 t)$$

由单频谐波响应表达式和叠加原理，记$\omega_n=\sqrt{\dfrac{k}{m}}$，$\zeta=\dfrac{c}{2\sqrt{km}}$，$\lambda_1=\dfrac{\omega_1}{\omega_n}$，可得

$$\begin{aligned}x&=\frac{a_0}{2k}+\sum_{i=1}^{\infty}\frac{a_i\cos(i\omega_1 t-\varphi_i)+b_i\sin(i\omega_1 t-\varphi_i)}{k\sqrt{(1-i^2\lambda_1^2)^2+(2i\zeta\lambda_2)^2}}\\&=\frac{4F_0}{\pi k}\sum_{i=1,3,5,\cdots}^{\infty}\frac{\sin(i\omega_1 t-\varphi_i)}{i\sqrt{(1-i^2\lambda_1^2)^2+(2i\zeta\lambda_2)^2}}\end{aligned}$$

按题意，$\lambda_1=\dfrac{\omega_1}{\omega_n}=\dfrac{T_n}{T}=2$，因此可得

$$x=\frac{4F_0}{\pi k}\sum_{i=1,3,5,\cdots}^{\infty}\frac{\sin(i\omega_1 t-\varphi_i)}{i\sqrt{(1-4i^2)^2+(4i\zeta)^2}}$$

$$\varphi_i=\arctan\frac{2i\zeta\lambda_1}{1-i^2\lambda_1^2}=\arctan\frac{4i\zeta}{1-4i^2},\quad i=1,3,5,\cdots$$

三、对任意激励的响应

在许多实际问题中，系统的激振既不是简谐的，也并非是周期性的，而是任意的时间函数，当激振作用的时间比系统的固有时间更短时，称为冲击。对于任意激振，系统没有稳定响应，只有瞬态响应。在激振力作用停止后，系统按固有频率做自由振动。瞬态响应和自由振动就构成了任意激励的响应。

1. 杜哈梅积分法

杜哈梅积分法又称为卷积积分法或叠加积分法，其基本思想是将激振力分解为一系列脉冲的连续作用，各脉冲的大小和作用时间由$f(\tau)$决定，先求出每个脉冲单独作用下系统的响应，然后按线性系统的叠加原理将其叠加起来，

即得出系统对任意激振的响应。设$f(\tau)$的作用时间为[0，t]，将此区间分成无数极短间隔，以$\mathrm{d}\tau$表示。在某一时刻$t=\tau$时的$\mathrm{d}\tau$间隔内，若受到一个微冲量的作用$f(\tau)\ \mathrm{d}\tau$，根据动量定律，得$f(\tau)\ \mathrm{d}\tau=m\mathrm{d}v$，故$\mathrm{d}v=f(\tau)\ \mathrm{d}\tau/m$，即系统的质量$m$获得一个速度增量$\mathrm{d}v$。但在$\mathrm{d}r$极短时间内，系统还来不及发生移位，故可作为系统的初始条件，初始条件为$t=\tau$，$x_0=0$，$\dot{x}=\mathrm{d}v$。

然后当$t\geqslant\tau$时，在此初始条件的干扰下，系统做自由振动。根据式（1-32）可得系统在初始条件下的响应

$$x(t)=\frac{f(\tau)\ \mathrm{d}\tau}{m\omega_d}\mathrm{e}^{-\zeta\omega_n(t-\tau)}\sin\omega_d(t-\tau) \tag{1-44}$$

式（1-32）是以$t=0$为坐标原点，现以$t=\tau$为原点。以上是某一微冲量单独作用下系统的响应，而系统受到[0，t]范围内一系列微冲量的作用，故其响应为全部微冲量单独作用时的响应叠加，可以通过对式（1-44）的积分求得

$$\begin{aligned}x(t)&=\int_0^t\frac{f(\tau)}{m\omega}\mathrm{e}^{-\zeta\omega_n(t-\tau)}\sin\omega(t-\tau)\ \mathrm{d}\tau\\&=\frac{1}{m\omega}\int_0^t f(\tau)\ \mathrm{e}^{-\zeta\omega_n(t-\tau)}\sin\omega(t-\tau)\ \mathrm{d}\tau\end{aligned} \tag{1-45}$$

式（1-45）为杜哈梅积分式。积分时应注意，t是位移响应的时间，是常量，而τ是每一个微冲量作用的时间，是变量。杜哈梅积分式是方程$m\ddot{x}+c\dot{x}+kx=f(\tau)$的通解。杜哈梅积分的解即为系统的初始条件为零时的全解，包括了瞬态振动及稳定振动。

例1.3　用杜哈梅积分计算无阻尼单自由度系统在矩形脉冲作用下的响应。

解：激振函数如图1-24所示，表达式为

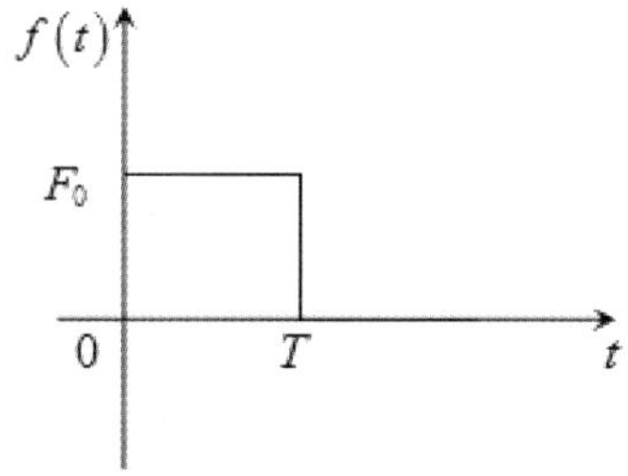

图1–24　矩阵脉冲

$$f(t)=\begin{cases}F_0 & 0\leqslant t\leqslant T\\0 & t>T\end{cases}$$

根据不同的区间进行积分。

（1）$0\leqslant t\leqslant T$时，

$$x(t)=\frac{1}{m\omega}\int_0^t F_0\sin\omega(t-\tau)\ \mathrm{d}\tau$$
$$=\frac{F_0}{m\omega}\left[\frac{1}{\omega}\cos\omega(t-\tau)\right]_0^t$$
$$=\frac{F_0}{k}[1-\cos\omega t]$$

（2）$t>T$时，

$$x(t)=\frac{1}{m\omega}\int_0^t F_0\sin\omega(t-\tau)\ \mathrm{d}\tau$$
$$=\frac{F_0}{m\omega}\left[\frac{1}{\omega_d}\cos\omega(t-\tau)\right]_0^T$$
$$=\frac{F_0}{k}[\cos\omega(t-T)-\cos\omega t]$$

2. 单位脉冲响应函数法

为便于描述脉冲力，引入单位脉冲函数，它的定义为

$$\delta(t-\tau)=\begin{cases}\infty & t=\tau\\ 0 & t\neq\tau\end{cases}，及\int_{-\infty}^{\infty}\delta(t-\tau)\ \mathrm{d}t=\lim_{\varepsilon\to 0}\int_{\tau-\varepsilon}^{\tau+\varepsilon}\delta(t-\tau)\ \mathrm{d}t=1$$

它有所谓“筛选”性质，即

$$\int_{-\infty}^{\infty}f(t)\cdot\delta(t-\tau)\mathrm{d}t=f(\tau) \tag{1-46}$$

因为单位脉冲函数的冲量定义为 1，故$m\mathrm{d}v=1$，即$\mathrm{d}v=1/m$。

当$t\geqslant\tau$时，系统将做自由振动，仍按式（1-46）可得系统的响应为

$$x(t)=\frac{f(\tau)\ \mathrm{d}\tau}{m\omega_d}\mathrm{e}^{-\zeta\omega_n(t-\tau)}\sin\omega_d(t-\tau) \tag{1-47}$$

式（1-47）即为系统单位脉冲瞬间的响应方程，并记作$x(t)=h(t-\tau)$，$h(t-\tau)$称为系统的单位脉冲响应函数。系统若在$f(t)$激振力作用下，在$t=\tau$时刻产生的冲击输入为$f(t)\cdot\delta(t-\tau)\ \mathrm{d}\tau=f(\tau)\ \mathrm{d}\tau$，系统的冲击响应则为$x=f(\tau)\ \mathrm{d}\tau\cdot h(t-\tau)$，故欲求系统在$t=\tau$时刻的响应，无疑需要把$t$之间的冲击响应全部叠加，即

$$x(t)=\int_0^t h(t-\tau)\cdot f(\tau)\ \mathrm{d}\tau=\frac{1}{m\omega}\int_0^t f(\tau)\mathrm{e}^{-\zeta\omega_n(t-\tau)}\sin\omega(t-\tau)\ \mathrm{d}\tau \tag{1-48}$$

式（1-48）与式（1-46）一致。

3. 傅氏积分法

若把非周期激振视为具有无限长周期的周期激振，可以把任意激振表示成

傅氏级数形式，从而用一般的方法求解激振函数$f(t)$的傅氏积分形式，其可表示为

$$f(t)=\frac{1}{2\pi}\int_{-\infty}^{\infty}F(\omega)e^{i\omega t}d\omega \tag{1-49}$$

式中

$$F(\omega)=\int_{-\infty}^{\infty}f(t)e^{-i\omega t}d\omega \tag{1-50}$$

式（1-50）右端的积分运算称为$f(t)$的傅氏变换，式（1-49）相应地被称为傅氏逆变换。由式（1-49）和式（1-50）所联系的两个量$f(t)$和$F(\omega)$称为一个傅氏变换对。

通常响应函数$x(t)$也是非周期的，它也可以用傅氏积分式（1-49）表示为

$$x(t)=\frac{1}{2\pi}\int_{-\infty}^{\infty}X(\omega)\,e^{i\omega t}d\omega \tag{1-51}$$

式中，$X(\omega)=\int_{-\infty}^{\infty}x(t)e^{i\omega t}dt$，$X(\omega)$是响应$x(t)$的傅氏变换。

可以把非周期函数看成是由无数个复振幅为$\frac{F(\omega)}{2\pi}D\omega$的谐波分量所组成的，于是求出对应于每个谐波分量$\frac{F(\omega)}{2\pi}D\omega$的响应，然后再根据线性系统的叠加原理，就可求得振动系统的响应为

$$x(t)=\lim_{\Delta\omega\to 0}\sum_{-\infty}^{\infty}H(\omega)\frac{F(\omega)}{2\pi}\Delta\omega\,e^{i\omega t}=\frac{1}{2\pi}\int_{-\infty}^{\infty}H(\omega)\;F(\omega)\;e^{i\omega t}d\omega \tag{1-52}$$

比较式（1-51）和式（1-52）得

$$X(\omega)=H(\omega)\;F(\omega) \tag{1-53}$$

上式表示输出和输入的傅氏变换之比等于频率响应函数$H(\omega)$，简称频响函数。这与在简谐激振力作用下的输出与输入关系式相同，说明频率响应函数能表示系统的动态特性。

在简谐激振力作用下，线性单自由度系统的频率响应函数为

$$H(\omega)=\frac{1}{k-m\omega^2+ic\omega}=|H(\omega)|e^{i\varphi}$$

频率响应函数$H(\omega)$的模为

$$|H(\omega)|=\frac{1}{\sqrt{(k-m\omega^2)^2+(c\omega)^2}}=\frac{1}{k\sqrt{(1-\lambda^2)^2+(2\zeta\lambda)^2}}=\frac{\beta}{k}$$

频率响应函数$H(\omega)$的相位差为

$$\angle H(\omega)=\arctan\frac{c\omega}{k-m\omega^2}=\arctan\frac{2\zeta\lambda}{1-\lambda^2}=\varphi$$

可见$H(\omega)$的模与前述放大因子β只相差一个常数$1/k$，而$H(\omega)$的相位差

就是前述相频曲线φ。频率响应函数$H(\omega)$的模和相位差φ分别决定了系统的幅频特性和相频特性，共同反映了系统的传递特性。

单位脉冲输入函数$f(t)=1\cdot\delta(\tau)$的响应$x(t)$，就是脉冲响应函数$h(t)$。根据傅氏变换，可得

$$F(\omega)=\int_{-\infty}^{\infty}1\cdot\delta(\tau)\ \mathrm{e}^{-\mathrm{i}\omega t}\mathrm{d}\tau=\mathrm{e}^{-\mathrm{i}\omega 0}=1$$

代入式（1-53），求得输出函数的傅氏变换

$$X(\omega)=H(\omega)\ F(\omega)=H(\omega)$$

代入式（1-51）得单位脉冲的输出响应，即脉冲响应函数为

$$h(\tau)=\frac{1}{2\pi}\int_{-\infty}^{\infty}X(\omega)\,\mathrm{e}^{\mathrm{i}\omega t}\mathrm{d}\omega=\frac{1}{2\pi}\int_{-\infty}^{\infty}H(\omega)\,\mathrm{e}^{\mathrm{i}\omega t}\mathrm{d}\omega \tag{1-54}$$

由此可知

$$H(\omega)=\int_{-\infty}^{\infty}h(t)\ \mathrm{e}^{-\mathrm{i}\omega t}\mathrm{d}t \tag{1-55}$$

式（1-55）表示频率响应函数和脉冲响应函数构成的一个傅氏变换对。

综上所述，系统的动态特性在频率域内可用频率响应函数$H(\omega)$来描述，而在时间域内可用脉冲响应函数$h(\tau)$来描述。

例 1.4　用傅氏积分法，计算图 1-25 中无阻尼单自由度振动系统在阶跃激励作用下的响应。

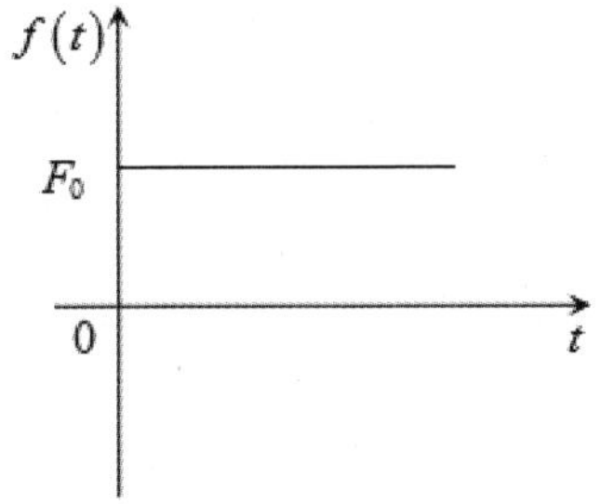

图 1-25　阶跃激励

解：其傅氏变换为

$$\begin{aligned}F(\omega)&=\int_{-\infty}^{\infty}f(t)\ \mathrm{e}^{-\mathrm{i}\omega t}\mathrm{d}t\\&=F_0\int_{-T}^{T}\mathrm{e}^{-\mathrm{i}\omega t}\mathrm{d}T\\&=\frac{F_0}{\mathrm{i}\omega}\end{aligned}$$

因为无阻尼，即$c=0$，因此系统的频率响应函数变为

$$|H(\omega)|=\frac{1}{k\sqrt{\left[1-(\omega/\omega_n)^2\right]^2}}$$

根据式（1-53），可求得系统响应的傅氏变换

$$X(\omega)=H(\omega)\ F(\omega)=\frac{F_0}{\mathrm{i}\omega}\frac{1}{k\sqrt{\left[1-(\omega/\omega_n)^2\right]^2}}$$

对此式进行傅氏逆变换，可得到系统在阶跃激励作用下的响应，即

$$\begin{aligned}x(t)&=\frac{1}{2\pi}\int_{-\infty}^{\infty}X(\omega)\mathrm{e}^{\mathrm{i}\omega t}\mathrm{d}\omega\\&=\frac{F_0}{k\mathrm{i}}\frac{1}{2\pi}\int_{-\infty}^{\infty}\frac{1}{\omega\sqrt{(1-(\omega/\omega_n)^2}}\mathrm{e}^{\mathrm{i}\omega t}\mathrm{d}\omega\\&=\frac{F_0}{k}\frac{1}{2\pi\mathrm{i}}\int_{-\infty}^{\infty}\left[\frac{1}{\omega}-\frac{1}{2(\omega-\omega_n)}-\frac{1}{2(\omega+\omega_n)}\right]\mathrm{e}^{\mathrm{i}\omega t}\mathrm{d}\omega\\&=\frac{F_0}{k}\frac{1}{2\pi\mathrm{i}}(2\pi\mathrm{i}-\frac{1}{2}2\pi\mathrm{i}\mathrm{e}^{\mathrm{i}\omega_n t}-\frac{1}{2}2\pi\mathrm{i}\mathrm{e}^{-\mathrm{i}\omega_n t})\\&=\frac{F_0}{k}(1-\cos\omega_n t)\end{aligned}$$

4. 拉氏变换法

傅氏变换对函数有一定的条件限制，因此工程中许多函数不能进行傅氏变换，这使傅氏变换法的应用有一定的局限性。为了克服这个缺点，在傅氏变换的基础上，人们引入了求解线性振动系统比较有效的拉氏变换法。

函数$x(t)$的拉氏变换记为$L[x(t)]$，是由下列无穷积分定义的变量s的函数:

$$L[x(t)]=X(s)=\int_0^{\infty}x(t)\mathrm{e}^{-st}\mathrm{d}t \tag{1-56}$$

式中，s是一个复数参量。

根据拉氏变换的定义，可求得函数$x(t)$一阶导数$x'(t)$的拉氏变换为

$$\begin{aligned}L\left[\frac{\mathrm{d}x(t)}{\mathrm{d}t}\right]&=\int_0^{\infty}\frac{\mathrm{d}x(t)}{\mathrm{d}t}\mathrm{e}^{-st}\mathrm{d}t\\&=\mathrm{e}^{-st}x\Big|_0^{\infty}+s\int_0^{\infty}\mathrm{e}^{-st}\mathrm{d}x\\&=sL[x(t)]-x(0)\end{aligned} \tag{1-57}$$

式中，$x(0)$是$x(t)$在时间$t=0$时的值，若$x(t)$表示质量的振动位移，则$x(0)$表示振动系统的初始位移。

同样，可求得函数二阶导数$x''(t)$的拉氏变换为

$$L\left[\frac{\mathrm{d}^2x(t)}{\mathrm{d}t^2}\right]=\int_0^{\infty}\frac{\mathrm{d}^2x(t)}{\mathrm{d}t^2}\mathrm{e}^{-st}\mathrm{d}t=s^2L[x(t)]-sx(0)-\dot{x}(0) \quad (1\text{-}58)$$

式中，$\dot{x}(0)$ 是在时间$t=0$时的值，表示振动系统的初始速度。

任意激振$f(t)$作用下的微分方程为

$$m\ddot{x}+c\dot{x}+lx=f(t)$$

对上述微分方程两边取拉氏变换，并整理可得

$$(ms^2+cs+k)\ L[x(t)]=L[f(t)]+m\dot{x}(0)+(ms+c)\ x(0)$$

式中，$L[f(t)]=\int_0^{\infty}f(t)\ \mathrm{e}^{-st}\mathrm{d}t$是激振函数$f(t)$ 的拉氏变换。

若不计随时间衰减的齐次解，令$x(0)=\dot{x}(0)=0$，则可得到激振与响应拉氏变换的比例关系

$$\frac{L[f(t)]}{L[x(t)]}=\frac{F(s)}{X(s)}=Z(s)=ms^2+cs+k$$

式中，$F(s)$、$X(s)$ 分别表示$f(t)$ 和$x(t)$ 的拉氏变换；$Z(s)$ 称为系统的广义阻抗，它的倒数称为系统的导纳或传递函数，用$G(s)$ 表示，即

$$G(s)=\frac{L[x(t)]}{L[f(t)]}=\frac{X(s)}{F(s)}=\frac{1}{ms^2+cs+k}$$

因此，系统响应的拉氏变换为

$$X(s)=G(s)F(s)$$

由此可知，传递函数$G(s)$ 可视为一个代数算子。根据拉氏变换的定义和公式，便可得出振动系统的实际响应为

$$x(t)=L^{-1}[X(s)] \quad (1\text{-}59)$$

在实际计算中，一些常见函数的拉氏变换和拉氏逆变换，可从已知的拉氏变换表中查找得到。传递函数$G(s)$ 完全由系统特性所决定，且传递函数$G(s)$ 能表示系统的动态特性。

第三节　多自由度系统的振动

对实际系统性质的研究往往要深入超出单自由度系统模型所能表达的范围。需要用更复杂的数学模型来描述系统，集中参数的多自由度系统就是一种。

一、多自由度系统运动微分方程

考虑如图 1-26 所示轿车的模型，设要研究的是轿车车身的上下和俯仰振

动，则可简化轿车车身为刚性杆，其质量为 m，相对于质心C的转动惯量为J_C，前后轮胎、悬架的弹性简化为弹簧，在前后轮胎处分别为k_1、k_2，前后轮胎支承处到车辆质心的距离分别为l_1、l_2。

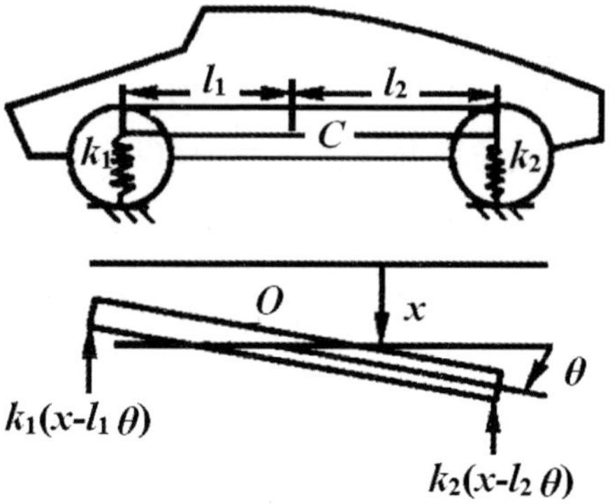

图 1-26　轿车模型

利用拉格朗日方程建立系统的微分方程。n自由度系统的拉格朗日方程的一般表达为

$$\frac{\mathrm{d}}{\mathrm{d}t}\left(\frac{\partial L}{\partial q_i}\right)-\frac{\partial L}{\partial q_i}=Q_i\text{（}i=1，2，3，\cdots，n\text{）}$$

式中，$q_i(i=1,2,3,\cdots,n)$ 为系统的独立广义坐标；$Q_i(i=1,2,3,\cdots,n)$ 为系统非有势力的广义力；L 为拉格朗日函数；$L=T-U$，T为系统动能，U为系统势能。

对于如图 1-26 所示系统，人们定义刚性杆随体坐标系原点O位于刚性杆质心C，随体坐标系原点相对大地固定坐标系的垂直位移为x（向下为正），随体坐标系相对大地固定坐标系转角为θ（顺时针为正），有

$$T=\frac{1}{2}m\dot{x}^2+J_C\dot{\theta}^2，\ U=\frac{1}{2}k_1(x-l_1\theta)^2+\frac{1}{2}k_2(x-l_2\theta)^2$$

则有

$$\frac{\mathrm{d}}{\mathrm{d}t}\left(\frac{\partial L}{\partial \dot{x}}\right)-\frac{\partial L}{\partial x}=m\ddot{x}+(k_1+k_2)\ x+(k_2l_2-k_1l_1)\ \theta=p_x$$

$$\frac{\mathrm{d}}{\mathrm{d}t}\left(\frac{\partial L}{\partial \dot{\theta}}\right)-\frac{\partial L}{\partial \theta}=J_C\ddot{\theta}+(k_2l_2-k_1l_1)\ x+(k_1l_1^2+k_2l_2^2)\ \theta=p_x$$

式中，p_x、p_θ为对应于广义坐标x、θ的广义力，考虑自由振动情况时可设它们为零。

上式可写成矩阵形式

$$\begin{bmatrix} m & 0 \\ 0 & J_C \end{bmatrix}\begin{Bmatrix} \ddot{x} \\ \ddot{\theta} \end{Bmatrix}+\begin{bmatrix} k_1+k_2 & k_2l_2-k_1l_1 \\ k_2l_2-k_1l_1 & k_1l_1^2+k_2l_2^2 \end{bmatrix}\begin{Bmatrix} x \\ \theta \end{Bmatrix}=\begin{Bmatrix} p_x \\ p_\theta \end{Bmatrix} \tag{1-60}$$

简记为
$$\boldsymbol{M}\ddot{\boldsymbol{x}}+\boldsymbol{K}\boldsymbol{x}=\boldsymbol{p} \tag{1-61}$$

式（1-61）可以视为n自由度系统无阻尼运动微分方程的一般形式。推广后，$\boldsymbol{x}$为n维广义坐标列向量，$\boldsymbol{M}$为$n\times n$维质量矩阵，$\boldsymbol{K}$为$n\times n$维刚度矩阵，$\boldsymbol{p}$为n维激励力列向量。

质量矩阵$\boldsymbol{M}$非对角项为零，x的加速度不会导致θ维的惯性力，反之亦然，称为惯性解耦；刚度矩阵$\boldsymbol{K}$非对角项不为零，位移x会导致角位移θ维弹性力，反之亦然，称为弹性不解耦。

如果定义的随体坐标系原点O不置于刚性杆质心C，而是放在刚性杆纵向中心线上并相距C的距离为e，记此时随体坐标系原点相对大地固定坐标系的垂直位移为x_e，相对转角为θ_e，并记前后轮胎支承处到此时O点的距离分别为a_1、a_2，可导得运动微分方程形式为

$$\begin{bmatrix} m & me \\ me & J_C+me^2 \end{bmatrix}\begin{Bmatrix} \ddot{x}_e \\ \ddot{\theta}_e \end{Bmatrix}+\begin{bmatrix} k_1+k_2 & k_2a_2-k_1a_1 \\ k_2a_2-k_1a_1 & k_1a_1^2+k_2a_2^2 \end{bmatrix}\begin{Bmatrix} x_e \\ \theta_e \end{Bmatrix}=\begin{Bmatrix} p_{xe} \\ p_{\theta e} \end{Bmatrix}$$

如果调节假想定义的随体坐标系原点的相对位置使$k_2a_2=k_1a_1$，则上式的刚度矩阵$\boldsymbol{K}$非对角项为零，为弹性解耦，但此时不能保证惯性解耦，因为虽然随体坐标系原点可以相对自由地定义放置，但实际车辆的物理参数如质量、刚度和质心位置等是相对固定的。

由此可见，描述物体运动的坐标系可以任意地定义，所用坐标系的不同只是用来度量运动的参考点不同，并且随着使用坐标系的不同使得所获描述运动的微分方程组的复杂程度不同，如会出现惯性和弹性都不解耦或惯性解耦但弹性不解耦或惯性不解耦但弹性解耦等。

二、实模态分析

1. 主振动

研究n自由度系统的自由振动，设式（1-61）右端激励力向量$\boldsymbol{p}=\boldsymbol{0}$，系统运动方程为

$$\boldsymbol{M}\ddot{\boldsymbol{x}}+\boldsymbol{K}\boldsymbol{x}=\boldsymbol{0} \tag{1-62}$$

讨论式（1-62）的系统在非零初始向量$\boldsymbol{x}_0$、$\dot{\boldsymbol{x}}_0$和扰动下的运动表现，首先考虑响应向量$\boldsymbol{x}$的各分量x_i是否可能都比例于某一个形式的时域函数，如可能则需满足什么条件，该时域函数形式应是什么。

假设响应$\boldsymbol{x}$的各个分量都可以比例于一个标量时域函数$f(t)$，即

$$\boldsymbol{x}=\boldsymbol{\varphi}f(t) \tag{1-63}$$

其中，$\boldsymbol{\varphi}=[\varphi_1\varphi_2\varphi_3\cdots\varphi_n]^{\mathrm{T}}$表示各分量运动幅值相对大小“比值”的常数列向量。

将式（1-63）代入式（1-62）后两边同乘$\boldsymbol{\varphi}^{\mathrm{T}}$

得

$$\boldsymbol{\varphi}^{\mathrm{T}}\boldsymbol{M}\boldsymbol{\varphi}\ddot{f}(t)+\boldsymbol{\varphi}^{\mathrm{T}}\boldsymbol{K}\boldsymbol{\varphi}f(t)=0$$

可写成

$$-\frac{\ddot{f}(t)}{f(t)}=\frac{\boldsymbol{\varphi}^{\mathrm{T}}\boldsymbol{K}\boldsymbol{\varphi}}{\boldsymbol{\varphi}^{\mathrm{T}}\boldsymbol{M}\boldsymbol{\varphi}}=\kappa \tag{1-64}$$

式中，κ为常数。

因为对于实际物理系统，质量阵$\boldsymbol{M}$正定，刚度阵$\boldsymbol{K}$正定或半正定，所以有

$$\boldsymbol{\varphi}^{\mathrm{T}}\boldsymbol{M}\boldsymbol{\varphi}>0,\ \boldsymbol{\varphi}^{\mathrm{T}}\boldsymbol{K}\boldsymbol{\varphi}\geqslant 0$$

则式（1-64）中的k必须大于或等于零，记$\kappa=\omega^2$，则有

$$\ddot{f}(t)+\omega^2 f(t)=0 \tag{1-65}$$

式（1-65）的解有两种形式。系统正定$\omega>0$时，有

$$f(t)=a\sin(\omega t+\varphi) \tag{1-66}$$

当系统半正定$\omega=0$时，则

$$f(t)=at+b \tag{1-67}$$

式（1-67）代表的是弹性体内部没有弹性变形（$\boldsymbol{\varphi}^{\mathrm{T}}\boldsymbol{K}\boldsymbol{\varphi}=0$代表弹性变形能为零），而作为一个刚体的运动，这是没有足够的刚体自由度约束的半正定系统的允许运动模式；当有足够刚体自由度约束时，此模式就被消除了。

对正定系统，将式（1-66）代入式（1-63）后人们不难发现常数a对确定相对“比值”的常数向量$\boldsymbol{\varphi}$无影响，可见响应的各分量都表现出简谐运动。这种各分量都同步表现出一个频率的简谐运动，并且各分量的运动幅值按照某种确定的相对振幅比的振动运动模式被称为主振动，可写为

$$x=\varphi'\sin(\omega\tau+\varphi') \tag{1-68}$$

式（1-68）是在式（1-63）成立的前提下由系统正定性所确定的主振动形式，但什么条件会导致主振动？主振动时各分量振动幅值的相对振幅比分布φ'又服从什么规律？下面用模态分析理论回答这些问题。

2. 实模态分析理论

将式（1-68）代入式（1-62），有

$$(\boldsymbol{K}-\omega^2\boldsymbol{M})\boldsymbol{\varphi}\sin(\omega t+\varphi')=0$$

明显sin（$\omega t+\varphi'$）不能恒等于零，则应有

$$(\boldsymbol{K}-\omega^2\boldsymbol{M})\ \boldsymbol{\varphi}=0 \quad (1\text{-}69)$$

式（1-69）是线性代数中广义特征值问题的一种表达形式，而根据线性代数理论，要求$\boldsymbol{\varphi}$有解，则其系数矩阵的行列式必须等于零，即

$$\left|\boldsymbol{K}-\omega^2\boldsymbol{M}\right|=0 \quad (1\text{-}70)$$

式（1-70）代表一个以ω^2为自变量元的实系数n次代数方程，为式（1-62）系统的特征方程。

记式（1-70）的n个根为对$\omega_i^2(i=1,2,3,\cdots,\ n)$设的无重根，按顺序$0<\omega_i^2<\omega_{i+1}^2$（$i$=1，2，3，…，$n-1$）排列。对广义特征值问题，这$n$个$\omega_i^2$为系统的特征值。在线性振动理论中，每个根的算数平方根ω_i被定义为式（1-62）系统的无阻尼固有频率。第i个ω_i称为第i阶的无阻尼固有频率。

ω^2的n次代数方程有且仅有n个根（包括重根），即式（1-70）仅在这n个根处为零，因而式（1-69）也仅在这n个根处对$\boldsymbol{\varphi}$有解，由此式（1-68）代表的主振动就只能在这n个根处出现（也说明只有n种主振动），最后式（1-63）所做的假设：响应x各分量都可以比例于一个标量，时域函数$f(t)$仅仅是在n个根处成立的。

已知$\boldsymbol{\varphi}$在n个根处存在，但还是要问，在任一ω_i处，这个代表各分量振动幅值的相对振幅比的$\boldsymbol{\varphi}$是唯一的吗？齐次线性方程组的解构成理论告诉我们，虽然作为齐次线性方程组式（1-69）的解，$\boldsymbol{\varphi}_i$（对应于ω_i的$\boldsymbol{\varphi}$）却并不唯一，但如果ω_i是单根，则在表达各分量振动幅值的相对比值意义上讲，$\boldsymbol{\varphi}_i$却是唯一的，因为对有降秩数为1（对应ω_i是单根）的系数矩阵的线性齐次方程组，其解向量只包含一个任意常数，各分量都可以相对于该任意常数按比例地表达出来；如果ω_i是重根，设为m重，对应的$\boldsymbol{\varphi}_i$即使在表达各分量振动幅值的相对比值的意义上讲也不唯一，对应重根频率ω_i的主振动会有m种互相无法通过线性变换转换达到的相对振幅比分布，具体达到哪一种由系统初始条件决定。

既然$\boldsymbol{\varphi}_i$表达的是式(1-62)系统的主振动的各分量振动幅值的相对比值关系，它就是一种振动的形态，被称为振动模态向量（也称振形向量），即模态对应于ω_i的$\boldsymbol{\varphi}_i$被称为第i阶模态向量。

当ω_i是单根时，人们可通过将ω_i代入式（1-69）并在解向量中保留一任意常数的方法求得对应ω_i的$\boldsymbol{\varphi}_i$。

振动理论中的固有频率与模态向量之间的关系就是线性代数广义特征值问题的特征值与特征向量之间的关系，因而不难得到下列特征向量间的正交性关

系，即

$$\boldsymbol{\varphi}_i^{\mathrm{T}}\boldsymbol{K}\boldsymbol{\varphi}_j=\begin{cases}k_i & i=j\\0 & i\neq j\end{cases},\ \boldsymbol{\varphi}_i^{\mathrm{T}}\boldsymbol{M}\boldsymbol{\varphi}_j=\begin{cases}m_i & i=j\\0 & i\neq j\end{cases},(i,j=1,2,3,\cdots,n) \tag{1-71}$$

k_i，m_i分别为第i阶模态刚度和模态质量，它们满足$\omega_i^2=k_i/m_i$（$i=1, 2, 3,\cdots, n$）。

式（1-71）分别称为模态对刚度和对质量的正交性。

由模态$\boldsymbol{\varphi}_i$的求解过程可知，$\boldsymbol{\varphi}_i$中有一任意比例常数待定。确定此任意常数的过程被称为模态归一化。从原理上说，人们可以利用任何方便的方法来归一化而并不影响$\boldsymbol{\varphi}_i$表达第i阶主振动的各分量振幅的相对比值的意义，如令$\boldsymbol{\varphi}_i$中有最大绝对值的元素为1，其余的相对于1来按比例表达；或令某一个（如第一个）元素为1而其他的相对于此元素来按比例表达；又或者利用$|\boldsymbol{\varphi}_i|=1$的条件来确定该任意常数等。

一个人们经常使用的归一化方法是对质量归一化，即令式（1-71）中的模态质量$m_i=1$来确定待定常数，此时有模态刚度$k_i=\omega_i^2$。由对质量归一化方法所获的模态被称为正则模态，专门记为$\hat{\boldsymbol{\varphi}}_i$。

由定义可推导得

$$\hat{\boldsymbol{\varphi}}_i=\hat{\boldsymbol{\varphi}}_i/\sqrt{m_i} \tag{1-72}$$

由推导过程我们可以看出，模态$\boldsymbol{\varphi}_i$（或$\hat{\boldsymbol{\varphi}}_i$）由系统的质量和刚度分布决定，与系统初始条件和激励力无关。因此，结构系统的各模态及它所对应的各主振动形态（包括各固有频率），是完全由其几何形状、材料性质和放置的边界约束所决定的客观存在，与受不受力、有没有初始运动无关系。

至此我们已有足够的数学工具去找到能够使系统（1-61）完全解耦的方法。

将式（1-62）系统的各ω_i^2（$i=1, 2, 3,\cdots, n$）对应的模态向量$\boldsymbol{\varphi}_i$（$i=1,2,3,\cdots, n$）排列为一个$n\times n$维矩阵，称为模态矩阵，记为

$$\boldsymbol{\Phi}=[\boldsymbol{\varphi}_1\boldsymbol{\varphi}_2\boldsymbol{\varphi}_3\cdots\boldsymbol{\varphi}_n] \tag{1-73}$$

由$\boldsymbol{\varphi}_i$（$i=1,2,3,\cdots, n$）为系统的特征向量的性质，可证明$\boldsymbol{\Phi}$非奇异，则可以定义线性变换

$$\boldsymbol{x}=\boldsymbol{\Phi}\boldsymbol{q}=[\boldsymbol{\varphi}_1\boldsymbol{\varphi}_2\boldsymbol{\varphi}_3\cdots\boldsymbol{\varphi}_n]\ \boldsymbol{q} \tag{1-74}$$

这里$\boldsymbol{q}$是n维列向量，称为模态坐标向量。将式（1-74）代入式（1-61），并在方程两边乘$\boldsymbol{\Phi}^{\mathrm{T}}$，得

$$\boldsymbol{\Phi}^{\mathrm{T}}M\boldsymbol{\Phi}\ddot{\boldsymbol{q}}+\boldsymbol{\Phi}^{\mathrm{T}}K\boldsymbol{\Phi}=\boldsymbol{\Phi}^{\mathrm{T}}\boldsymbol{p}$$

模态对刚度和质量的正交性可使上式成为解耦的运动方程，可写为

$$\boldsymbol{M}_q\ddot{\boldsymbol{q}}+\boldsymbol{K}_q\boldsymbol{q}=\boldsymbol{p}_q \tag{1-75}$$

式中，$\boldsymbol{M}_q$，$\boldsymbol{K}_q$是对角化的模态质量和刚度矩阵，$\boldsymbol{p}_q$为模态力向量，分别为

$$\boldsymbol{M}_q=\boldsymbol{\Phi}^{\mathrm{T}}\boldsymbol{M}\boldsymbol{\Phi}=\begin{bmatrix}\ddots & & 0\\ & m_i & \\ 0 & & \ddots\end{bmatrix},\ \boldsymbol{K}_q=\boldsymbol{\Phi}^{\mathrm{T}}\boldsymbol{K}\boldsymbol{\Phi}\begin{bmatrix}\ddots & & 0\\ & k_i & \\ 0 & & \ddots\end{bmatrix},\ \boldsymbol{p}_q=\begin{Bmatrix}\vdots\\ \boldsymbol{\varphi}_i^{\mathrm{T}}\boldsymbol{p}\\ \vdots\end{Bmatrix}$$

式（1-75）实际相当于n个“单自由度”的运动微分方程，即

$$m_i\ddot{\boldsymbol{q}}_i+k_i\boldsymbol{q}_i=\boldsymbol{\varphi}_i^{\mathrm{T}}\boldsymbol{p}\quad(i=1,2,3,\cdots,\ n)\tag{1-76}$$

并且有

$$k_i/m_i=\omega_i^2\ (i=1,2,3,\cdots,\ n)$$

如果用于线性变换的模态矩阵由各正则模态组成，即定义

$$\hat{\boldsymbol{\Phi}}=[\hat{\boldsymbol{\varphi}}_1\hat{\boldsymbol{\varphi}}_2\hat{\boldsymbol{\varphi}}_3\cdots\hat{\boldsymbol{\varphi}}_n]$$

利用

$$\boldsymbol{x}=\hat{\boldsymbol{\Phi}}\boldsymbol{q}=[\hat{\boldsymbol{\varphi}}_1\hat{\boldsymbol{\varphi}}_2\hat{\boldsymbol{\varphi}}_3\cdots\hat{\boldsymbol{\varphi}}_n]\ \boldsymbol{q}\tag{1-77}$$

代入式（1-61），用与前类似的处理步骤，所获得的n个“单自由度”运动微分方程为

$$\ddot{\boldsymbol{q}}_i+\omega_i^2\boldsymbol{q}_i=\hat{\boldsymbol{\varphi}}_i^{\mathrm{T}}\boldsymbol{p}\quad(i=1,2,3,\cdots,\ n)\tag{1-78}$$

设式（1-61）系统的初始条件为$\boldsymbol{x}(0)=\boldsymbol{x}_0$，$\dot{\boldsymbol{x}}(0)=\dot{\boldsymbol{x}}_0$。由式（1-77），可表示模态坐标$\boldsymbol{q}$的初始条件$\boldsymbol{q}_0$，$\dot{\boldsymbol{q}}_0$为

$$\boldsymbol{q}_0=\hat{\boldsymbol{\Phi}}^{-1}\boldsymbol{x}_0=\hat{\boldsymbol{\Phi}}^{\mathrm{T}}\boldsymbol{M}\boldsymbol{x}_0,\quad \dot{\boldsymbol{q}}_0=\hat{\boldsymbol{\Phi}}^{-1}\dot{\boldsymbol{x}}_0=\hat{\boldsymbol{\Phi}}^{\mathrm{T}}\boldsymbol{M}\dot{\boldsymbol{x}}_0$$

这里$\hat{\boldsymbol{\Phi}}^{-1}=\hat{\boldsymbol{\Phi}}^{\mathrm{T}}\boldsymbol{M}$。这是因为利用正则模态时根据正交关系式（1-71）有，$\boldsymbol{M}_q=\hat{\boldsymbol{\Phi}}^{\mathrm{T}}\boldsymbol{M}\hat{\boldsymbol{\Phi}}=I$，对该式两边乘$\hat{\boldsymbol{\Phi}}^{-1}$，即得$\hat{\boldsymbol{\Phi}}^{-1}=\hat{\boldsymbol{\Phi}}^{\mathrm{T}}\boldsymbol{M}$。

记$\boldsymbol{r}_i(t)=\hat{\boldsymbol{\varphi}}_i^{\mathrm{T}}\boldsymbol{p}\,(i=1,2,3,\cdots,\ n)$及$\boldsymbol{q}_0$，$\dot{\boldsymbol{q}}_0$的第$i$行元素为$q_{0i}$，$\dot{q}_{0i}$，方程式（1-78）的解的表达式为

$$q_i(t)=q_{0i}\cos\omega_i t+\frac{\dot{q}_{0i}}{\omega_i}\sin\omega_i t+\frac{1}{\omega_i}\int_0^t r_i(\tau)\sin(t-\tau)\ \mathrm{d}\tau\tag{1-79}$$

$$(i=1,2,3,\cdots,\ n)$$

最后，式（1-61）系统的物理坐标解根据式（1-77）定义的变换得到，为

$$x=\hat{\boldsymbol{\Phi}}\boldsymbol{q}=[\hat{\boldsymbol{\varphi}}_1\hat{\boldsymbol{\varphi}}_2\cdots\hat{\boldsymbol{\varphi}}_n]\begin{Bmatrix}q_1(t)\\ q_2(t)\\ \vdots\\ q_n(t)\end{Bmatrix}=\sum_{i=1}^{n}\hat{\boldsymbol{\Phi}}_i q_i(t)\tag{1-80}$$

上式被称为模态叠加定理，它表明了n自由度系统的物理坐标响应，可由系统本身物理形态所决定的n个模态$\hat{\boldsymbol{\varphi}}_i$（或$\boldsymbol{\varphi}_i$）通过$n$个“权系数”$q_i(t)$而叠加得到；这$n$个“权系数”由系统初始条件和所受外激励确定。之所以$q_i(t)$被称为模态坐标，主要来自这样一个事实：n个模态向量之间相互独立且正交，

可构成一组基向量，该组基向量张成的空间称为模态空间，而运动向量向任意一基向量方向的投影，也就是该坐标方向上的坐标值；运动向量在该方向上的分量，由基向量乘以该坐标值代表；整个向量由各方向分量叠加而成；作为模态基向量$\hat{\boldsymbol{\varphi}}_i$（或$\boldsymbol{\varphi}_i$）前系数的$q_i(t)$被称为模态坐标。

人们注意到模态基向量$\hat{\boldsymbol{\varphi}}_i$（或$\boldsymbol{\varphi}_i$）实际代表系统主振动时各分量振幅的相对振幅比。如果说解耦只是模态空间中的解耦，那它与前文提到的实际物理坐标系统中的解耦不完全是一回事。获得实际物理坐标系统中的解耦，在较少物理自由度的振动隔离问题中有一定实用价值；而这里模态空间中的解耦，为我们提供了规范、优美的解表达式及统一而有效的解决复杂大自由度振动系统问题的思路和方法。

3. 阻尼系统的实模态分析

实际的物理系统运动时总会有阻尼，包括阻尼的n自由度运动微分方程组为

$$\boldsymbol{M}\ddot{\boldsymbol{x}}+\boldsymbol{C}\dot{\boldsymbol{x}}+\boldsymbol{K}\boldsymbol{x}=\boldsymbol{p} \tag{1-81}$$

这里新出现的$\boldsymbol{C}$为$n\times n$维黏性阻尼系数矩阵，其元素c_{ij}为下标两坐标方向间的黏性阻尼系数。

如果仍要求运用实模态分析方法，人们就不得不对$\boldsymbol{C}$提出某种限制。前文中模态空间中运动方程的解耦是由于模态对于质量矩阵$\boldsymbol{M}$，刚度矩阵$\boldsymbol{K}$的正交性。因此，如果假设$\boldsymbol{C}$阵为$\boldsymbol{M}$和$\boldsymbol{K}$阵的线性组合，即

$$\boldsymbol{C}=\alpha\boldsymbol{M}+\beta\boldsymbol{K} \tag{1-82}$$

人们就可利用前面得到的正则模态矩阵$\hat{\boldsymbol{\Phi}}$或一般模态矩阵$\boldsymbol{\Phi}$来得到式（1-81）问题的解耦。

为多熟悉一种公式形式，这次利用$\boldsymbol{\Phi}$来实现变换，即

$$\boldsymbol{x}=\boldsymbol{\Phi}\boldsymbol{q} \tag{1-83}$$

由式（1-82）可知

$$\begin{aligned}\boldsymbol{C}_q=\boldsymbol{\Phi}^{\mathrm{T}}\boldsymbol{C}\boldsymbol{\Phi}&=\alpha\boldsymbol{\Phi}^{\mathrm{T}}\boldsymbol{M}\boldsymbol{\Phi}+\beta\boldsymbol{\Phi}^{\mathrm{T}}\boldsymbol{K}\boldsymbol{\Phi}\\&=\alpha\begin{bmatrix}\ddots & & 0\\ & m_i & \\ 0 & & \ddots\end{bmatrix}+\begin{bmatrix}\ddots & & 0\\ & k_i & \\ 0 & & \ddots\end{bmatrix}\\&=\begin{bmatrix}\ddots & & 0\\ & m_i & \\ 0 & & \ddots\end{bmatrix}\end{aligned}$$

由上式，遵循推导式相同的过程可得对模态坐标的n个有阻尼“单自由度”系统的运动微分方程为

$$m_i\ddot{\boldsymbol{q}}_i + c_i\dot{\boldsymbol{q}}_i + k_i\boldsymbol{q}_i = \boldsymbol{\varphi}_i^{\mathrm{T}}\boldsymbol{p} \quad (i=1,2,3,\cdots,\ n)$$

定义 $\zeta_i = \dfrac{c_i}{2\sqrt{k_i m_i}} = \dfrac{\alpha m_i + \beta k_i}{2\sqrt{k_i m_i}}$ 为第 i 阶模态阻尼比，记 $\omega_i^2 = \dfrac{k_i}{m_i}$，$R_i(t) = \dfrac{\boldsymbol{\varphi}_i^{\mathrm{T}}\boldsymbol{p}(t)}{m_i}$，上式可写为

$$\ddot{\boldsymbol{q}}_i + 2\zeta_i\varphi_i\dot{\boldsymbol{q}}_i + \omega_i^2\boldsymbol{q}_i = R_i(t) \quad (i=1,2,3,\cdots,\ n) \tag{1-84}$$

式(1-84)系统的初始条件为$\dot{\boldsymbol{q}}_i(0) = \dot{q}_{0i}$，$\boldsymbol{q}_i(0) = q_{0i}$ $(i=1,2,3,\cdots,\ n)$ 它们是由 $x_0, \dot{x}_0$ 通过式（1-83）定义的变换所得的量。参考单自由度系统响应表达式，模态坐标对初始条件和激励$R_i(t)$的响应为

$$q_i(t) = \mathrm{e}^{-\omega_i\zeta_i t}\left(q_{0i}\cos\omega_{di}t + \frac{\dot{q}_{0i} + \zeta_i\omega_i q_{oi}}{\omega_{di}}\sin\omega_{di}t\right) + \tag{1-85}$$

$$\frac{1}{\omega_{di}}\int_0^t R_i(\tau)\,\mathrm{e}^{-\omega_i\zeta_i(t-\tau)}\sin\omega_{di}(t-\tau)\,\mathrm{d}\tau \quad (i=1,2,3,\cdots,\ n)$$

式中，$\omega_{di} = \omega_i\sqrt{1-\zeta_i^2}$系统的物理坐标解可根据式（1-83）定义的变换得到，为

$$x = \boldsymbol{\Phi}\boldsymbol{q} = [\boldsymbol{\varphi}_1\boldsymbol{\varphi}_2\boldsymbol{\varphi}_3\cdots\boldsymbol{\varphi}_n]\begin{Bmatrix} q_1(t) \\ q_1(t) \\ \vdots \\ q_n(t) \end{Bmatrix} = \sum_{i=1}^{n}\boldsymbol{\varphi}_i q_i(t) \tag{1-86}$$

式（1-85）、式（1-86）是对不考虑阻尼情况的式（1-79）、式（1-80）的自然推广，注意这种推广的基础是式（1-82）成立。满足式（1-82）的阻尼称为比例阻尼。

对于比例阻尼，与其说是真有这种形式的实际阻尼存在，不如说是人们为能利用无阻尼系统模态矩阵解耦而假设的。

例 1.5　如图 1-27 所示的系统，设 3 个阻尼器的黏性阻尼系数相同，为 $c = 0.5\sqrt{km}$，已知$\boldsymbol{x}_1(0) = \boldsymbol{x}_2 = 0$，$\dot{\boldsymbol{x}}_1(0) = 0$，$\dot{\boldsymbol{x}}_2(0) = u$。忽略阻尼矩阵 $\boldsymbol{C}_q$ 中的非对角项，利用实模态叠加法求取系统自由振动响应。

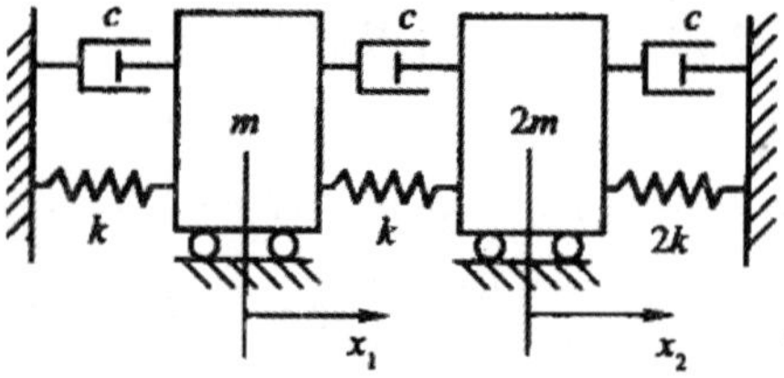

图 1–27　两自由度有阻尼振动系统

解：在如图 1–27 所示物理坐标下，系统的自由振动方程为

$$\begin{bmatrix} m & 0 \\ 0 & 2m \end{bmatrix}\begin{Bmatrix} \ddot{x}_1 \\ \ddot{x}_2 \end{Bmatrix}+\begin{bmatrix} 2c & -c \\ -c & 2c \end{bmatrix}\begin{Bmatrix} \dot{x}_1 \\ \dot{x}_2 \end{Bmatrix}+\begin{bmatrix} 2k & -k \\ -k & 3k \end{bmatrix}\begin{Bmatrix} x_1 \\ x_2 \end{Bmatrix}=\begin{Bmatrix} 0 \\ 0 \end{Bmatrix}$$

考虑实模态不计 $\boldsymbol{C}$ 阵，特征值问题为

$$\boldsymbol{x}=\boldsymbol{\Phi q}$$

$$(\boldsymbol{K}-\omega^2\boldsymbol{M})\ \boldsymbol{\varphi}=\begin{bmatrix} 2k-\omega^2 m & -k \\ -k & 3k-2\omega^2 m \end{bmatrix}\begin{Bmatrix} \varphi_1 \\ \varphi_2 \end{Bmatrix}=\begin{Bmatrix} 0 \\ 0 \end{Bmatrix} \tag{a}$$

记$\alpha=\omega^2 m\ /\ k$，则特征方程为

$$\left|\begin{bmatrix} 2-\alpha & -1 \\ -1 & 3-2\alpha \end{bmatrix}\right| = 2\alpha^2-7\alpha+5=0$$

解出两特征根　　$\alpha_1=1, \alpha_2=2.5$

系统的两个固有频率为

$$\omega_1=\sqrt{\frac{k}{m}}\ ,\ \omega_2=\sqrt{2.5\frac{k}{m}}=1.581\ 1\sqrt{\frac{k}{m}}$$

推导计算特征向量的一般表达式。

记$\boldsymbol{B}(\omega)=(\boldsymbol{K}-\omega^2\boldsymbol{M})$，则特征问题为$\boldsymbol{B}(\omega_i)\ \boldsymbol{\varphi}_i=0$，且特征方程为$|\boldsymbol{B}(\omega_i)|$ =0

由　　$$\boldsymbol{B}^{-1}(\omega)=\frac{\mathrm{adj}\boldsymbol{B}(\omega)}{|\boldsymbol{B}(\omega)|}$$

可得　　$$|\boldsymbol{B}(\omega)|\boldsymbol{I}=\boldsymbol{B}(\omega)\ \mathrm{adj}\boldsymbol{B}(\omega)$$

则有$|\boldsymbol{B}(\omega)|\boldsymbol{I}=\boldsymbol{B}(\omega)\ \mathrm{adj}\boldsymbol{B}(\omega)=0$，可知伴随矩阵$\mathrm{adj}\boldsymbol{B}(\omega_i)$的任一列与模态向量$\boldsymbol{\varphi}_i$成比例。

式（a）的伴随矩阵为

$$\mathrm{adj}\boldsymbol{B}(\omega)=\begin{bmatrix} 3k-2\omega^2 m & k \\ k & 2k-\omega^2 m \end{bmatrix}=k\begin{bmatrix} 3-2\alpha & 1 \\ 1 & 2-\alpha \end{bmatrix}$$

因此有

$$\boldsymbol{\varphi}_1=\begin{Bmatrix}3-2\alpha\\1\end{Bmatrix}\Bigg|_{\alpha=\alpha_1}=\begin{Bmatrix}1\\1\end{Bmatrix},\boldsymbol{\varphi}_2=\begin{Bmatrix}3-2\alpha\\1\end{Bmatrix}\Bigg|_{\alpha=\alpha_2}\begin{Bmatrix}-2\\1\end{Bmatrix},\quad \boldsymbol{\Phi}=[\boldsymbol{\varphi}_1\ \ \boldsymbol{\varphi}_2]=\begin{bmatrix}1&-2\\1&1\end{bmatrix}$$

$$\boldsymbol{M}_q=\boldsymbol{\Phi}^{\mathrm{T}}\boldsymbol{M}\boldsymbol{\Phi}=\begin{bmatrix}1&-2\\1&1\end{bmatrix}^{\mathrm{T}}\begin{bmatrix}m&0\\0&2m\end{bmatrix}\begin{bmatrix}1&-2\\1&1\end{bmatrix}=\begin{bmatrix}3m&0\\0&6m\end{bmatrix}$$

$$\boldsymbol{C}_q=\boldsymbol{\Phi}^{\mathrm{T}}\boldsymbol{C}\boldsymbol{\Phi}\begin{bmatrix}2c&c\\-c&14c\end{bmatrix}=\sqrt{km}\begin{bmatrix}1&-0.5\\-0.5&7\end{bmatrix}$$

为利用实模态，忽略阻尼矩阵$\boldsymbol{C}_q$中的非对角项，各阶模态阻尼比有

$$\zeta_1=\frac{c_1}{2\omega_1 m_1}=\frac{\sqrt{km}}{2\sqrt{k/m}\ 3m}=\frac{1}{6}=0.166\ 7$$

$$\zeta_2=\frac{c_2}{2\omega_2 m_2}=\frac{7\sqrt{km}}{2\sqrt{2.5k/m}\ 6m}=0.368\ 9$$

人们注意到$\boldsymbol{\Phi}^{-1}=\boldsymbol{M}_q^{-1}\boldsymbol{\Phi}^{\mathrm{T}}\boldsymbol{M}$，则$\boldsymbol{q}_0=\boldsymbol{\Phi}^{-1}\boldsymbol{x}_0=\boldsymbol{M}_q^{-1}\boldsymbol{\Phi}^{\mathrm{T}}\boldsymbol{M}\boldsymbol{x}_0$，$\dot{\boldsymbol{q}}_0=\boldsymbol{\Phi}^{-1}\dot{\boldsymbol{x}}_0=\boldsymbol{M}_q^{-1}\boldsymbol{\Phi}^{\mathrm{T}}\boldsymbol{M}\dot{\boldsymbol{x}}_0$

对于本问题，有

$$q_0=\begin{Bmatrix}0\\0\end{Bmatrix},\dot{q}_0=\begin{bmatrix}1/(3m)&0\\0&1/(6m)\end{bmatrix}\begin{bmatrix}1&1\\-2&1\end{bmatrix}\begin{bmatrix}m&0\\0&2m\end{bmatrix}\begin{Bmatrix}0\\u\end{Bmatrix}=\begin{Bmatrix}2u/3\\u/3\end{Bmatrix}$$

于是，就有

$$q_1(t)=\mathrm{e}^{-\omega_1\zeta_1 t}\left(q_0\cos\omega_{d1}t+\frac{\dot{q}_0+\zeta_1\omega_1 q_0}{\omega_{d1}}\sin\omega_{d1}t\right)$$

$$=0.676\ 1u\mathrm{e}^{-0.166\ 7\sqrt{\frac{k}{m}}t}\sqrt{\frac{m}{k}}\sin 0.989\ 6\sqrt{\frac{k}{m}}\,t$$

$$q_2(t)=0.226\ 8u\mathrm{e}^{-0.583\ 3\sqrt{\frac{k}{m}}t}\sqrt{\frac{m}{k}}\sin 1.469\ 6\sqrt{\frac{k}{m}}\,t$$

物理坐标响应为

$$x(t)=\begin{Bmatrix}x_1(t)\\x_2(t)\end{Bmatrix}=\boldsymbol{\Phi}\boldsymbol{q}(t)=\begin{bmatrix}1&-2\\1&1\end{bmatrix}\begin{Bmatrix}q_1(t)\\q_2(t)\end{Bmatrix}=\begin{Bmatrix}q_1(t)-2q_2(t)\\q_1(t)+q_2(t)\end{Bmatrix}$$

即

$$x_1(t)=0.676\ 1u\mathrm{e}^{-0.166\ 7\sqrt{\frac{k}{m}}t}\sqrt{\frac{m}{k}}\sin 0.989\ 6\sqrt{\frac{k}{m}}\,t-0.453\ 6u\mathrm{e}^{-0.583\ 3\sqrt{\frac{k}{m}}t}\sqrt{\frac{m}{k}}\sin 1.469\ 6\sqrt{\frac{k}{m}}\,t$$

$$x_2(t)=0.676\ 1u\mathrm{e}^{-0.166\ 7\sqrt{\frac{k}{m}}t}\sqrt{\frac{m}{k}}\sin 0.989\ 6\sqrt{\frac{k}{m}}\,t+0.226\ 8u\mathrm{e}^{-0.583\ 3\sqrt{\frac{k}{m}}t}\sqrt{\frac{m}{k}}\sin 1.469\ 6\sqrt{\frac{k}{m}}\,tt$$

三、复模态分析

现在考察非比例阻尼情形。重写n自由度线性阻尼系统的运动微分方程，可得下式

$$\boldsymbol{M}\ddot{\boldsymbol{x}}+\boldsymbol{C}\dot{\boldsymbol{x}}+\boldsymbol{K}\boldsymbol{x}=\boldsymbol{p}$$

式中，$\boldsymbol{M}$，$\boldsymbol{C}$，$\boldsymbol{K}$分别为系统的质量、阻尼、刚度矩阵，设都是$n\times n$阶实对称阵，且$\boldsymbol{M}$为正定的，$\boldsymbol{K}$为正定或半正定，但$\boldsymbol{C}$不满足广义的比例阻尼条件。对应于式（1–81）系统的自由运动，有

$$\boldsymbol{M}\ddot{\boldsymbol{x}}+\boldsymbol{C}\dot{\boldsymbol{x}}+\boldsymbol{K}\boldsymbol{x}=0 \tag{1-87}$$

设式（1–87）的解为

$$\boldsymbol{x}=\boldsymbol{v}\mathrm{e}^{\lambda t} \tag{1-88}$$

将式（1–88）代入式（1–87）有

$$(\boldsymbol{M}\lambda^2+\boldsymbol{C}\lambda+\boldsymbol{K})\boldsymbol{v}=0 \tag{1-89}$$

式（1–89）有非零解的充要条件是$\left|\boldsymbol{M}\lambda^2+\boldsymbol{C}\lambda+\boldsymbol{K}\right|=0$。

上式是非比例阻尼线性系统的特征方程。它是关于λ的$2n$阶代数方程，它的根确定了$2n$个特征值$\lambda_r(r=1,2,\cdots,2n)$。各$\lambda_r$可以是实数，也可以是复数。当阻尼矩阵$\boldsymbol{C}$正定时，所有特征值都具有负实部，对应于系统衰减的固有运动。对复数的特征值，将共轭成对出现。每一对共轭复特征值均对应系统中一个具有特定频率与衰减率的欠阻尼主振动形态。因为特征值可是复数，故由式（1–89）确定的特征向量$\boldsymbol{v}_r(r=1,2,\cdots,2n)$一般也是复数。复特征向量$\boldsymbol{v}_r$在此仍代表振动系统主振动（或称固有振动）的某种确定形态，故被称为复模态。现在的问题是人们能否利用复模态来叠加求解系统的物理坐标响应。

将式（1–81）定义的系统转换为状态空间表达，联立恒等式$\boldsymbol{M}\dot{\boldsymbol{x}}-\boldsymbol{M}\dot{\boldsymbol{x}}=0$和式（1–81），并定义

$$(\boldsymbol{M}\lambda^2+\boldsymbol{C}\lambda+\boldsymbol{K})\boldsymbol{v}=0$$

$$\boldsymbol{A}=\begin{bmatrix}0 & \boldsymbol{M}\\ \boldsymbol{M} & \boldsymbol{C}\end{bmatrix},\ \boldsymbol{B}=\begin{bmatrix}-\boldsymbol{M} & 0\\ 0 & \boldsymbol{K}\end{bmatrix},\ \boldsymbol{Q}(t)=\begin{Bmatrix}0\\ \boldsymbol{p}(t)\end{Bmatrix},\ \boldsymbol{y}=\begin{Bmatrix}\dot{\boldsymbol{x}}\\ \boldsymbol{x}\end{Bmatrix} \tag{1-90}$$

有状态空间方程 $$\boldsymbol{A}\dot{\boldsymbol{y}}+\boldsymbol{B}\boldsymbol{y}=\boldsymbol{Q}(t) \tag{1-91}$$

设式（1–91）的解为 $$\boldsymbol{y}=\boldsymbol{\Psi}\mathrm{e}^{\lambda t} \tag{1-92}$$

将式（1–92）代入式（1–91），并令$\boldsymbol{Q}(t)=0$，可得状态空间定义下的广义特征值问题

$$(\boldsymbol{A}\lambda+\boldsymbol{B})\boldsymbol{\Psi}=0 \tag{1-93}$$

对广义特征值问题式（1–93）可求得$2n$个复特征值$\lambda_r(r=1,2,\cdots,2n)$和对

应的2n个复特征向量$\boldsymbol{\Psi}_r(r=1,2,\cdots,2n)$。通过对比式（1-90）中$\boldsymbol{y}$的定义及式（1-88），可得2$n$维复特征向量$\boldsymbol{\Psi}$与前$n$维复特征向量$\boldsymbol{v}$的关系为

$$\boldsymbol{\Psi}=\begin{Bmatrix}\lambda\boldsymbol{v}\\ \boldsymbol{v}\end{Bmatrix} \tag{1-94}$$

根据广义特征值问题性质，特征向量$\boldsymbol{\Psi}$相对$\boldsymbol{A}$和$\boldsymbol{B}$矩阵正交，即设$i\neq j$时，$\lambda_i\neq\lambda_j$，则有

$$\boldsymbol{\Psi}_i^{\mathrm{T}}\boldsymbol{A}\boldsymbol{\Psi}_i=\begin{cases}a_i & i=j\\ 0 & i\neq j\end{cases},\boldsymbol{\Psi}_i^{\mathrm{T}}\boldsymbol{B}\boldsymbol{\Psi}_i=\begin{cases}b_i & i=j\\ 0 & i\neq j\end{cases}(i,\ j=1,2,\cdots,2n) \tag{1-95}$$

式中，
$$\lambda_i=-\frac{b_i}{a_i}\qquad (i,\ j=1,2,\cdots,2n) \tag{1-96}$$

定义
$$\boldsymbol{\Psi}=[\boldsymbol{\Psi}_1\boldsymbol{\Psi}_2\cdots\boldsymbol{\Psi}_{2n}]=\begin{bmatrix}\boldsymbol{U}\boldsymbol{\Lambda}\\ \boldsymbol{U}\end{bmatrix} \tag{1-97}$$

式中，
$$\boldsymbol{U}=[\boldsymbol{v}_1\boldsymbol{v}_2\cdots\boldsymbol{v}_{2n}],\quad \boldsymbol{\Lambda}=\mathrm{diag}\ [\lambda_1\lambda_2\cdots\lambda_{2n}]$$

定义线性变换
$$\boldsymbol{y}=\boldsymbol{\Psi}\boldsymbol{Z} \tag{1-98}$$

将式（1-98）代入式（1-91），两边左乘$\boldsymbol{\Psi}^{\mathrm{T}}$，由正交关系式（1-95），得

$$\boldsymbol{\Psi}^{\mathrm{T}}\boldsymbol{A}\boldsymbol{\Psi}\dot{\boldsymbol{Z}}+\boldsymbol{\Psi}^{\mathrm{T}}\boldsymbol{B}\boldsymbol{\Psi}\boldsymbol{Z}=\boldsymbol{A}_z\dot{\boldsymbol{Z}}+\boldsymbol{B}_z\boldsymbol{Z}=\boldsymbol{\Psi}^{\mathrm{T}}\boldsymbol{Q}(t)$$

式中，

$$\boldsymbol{A}_z=\boldsymbol{\Psi}^{\mathrm{T}}\boldsymbol{A}\boldsymbol{\Psi}\boldsymbol{Z}=\mathrm{diag}\ [a_1a_2\cdots a_{2n}],\quad \boldsymbol{B}_z=\boldsymbol{\Psi}^{\mathrm{T}}\boldsymbol{B}\boldsymbol{\Psi}\boldsymbol{Z}=\mathrm{diag}\ [b_1b_2\cdots b_{2n}]$$

人们注意到$\boldsymbol{\Psi}^{\mathrm{T}}\boldsymbol{Q}(t)=\begin{bmatrix}\Lambda\boldsymbol{U}^{\mathrm{T}} & \boldsymbol{U}^{\mathrm{T}}\end{bmatrix}\begin{Bmatrix}0\\ \boldsymbol{p}(t)\end{Bmatrix}=\boldsymbol{U}^{\mathrm{T}}\boldsymbol{p}(t)$，则有

$$\boldsymbol{A}_z\dot{\boldsymbol{Z}}+B_z\boldsymbol{Z}=\boldsymbol{U}^{\mathrm{T}}\boldsymbol{p}(t) \tag{1-99}$$

式（1-99）为2n个模态坐标Z_i的“单自由度”一阶微分方程，代入式（1-96），则有

$$\boldsymbol{Z}_i-\lambda_i\boldsymbol{Z}_i=\frac{\boldsymbol{v}_i^{\mathrm{T}}\boldsymbol{p}(t)}{a_i}\qquad (i=1,2,\cdots,2n) \tag{1-100}$$

对式（1-100）两边进行拉普拉斯变换，记$\boldsymbol{Z}_i(s)=\boldsymbol{B}[\boldsymbol{Z}_i(t)]$，$\boldsymbol{P}(s)=\boldsymbol{B}[\boldsymbol{p}(t)]$，整理后有

$$\boldsymbol{Z}_i(s)=\frac{\boldsymbol{Z}_i(0)}{s-\lambda_i}+\frac{\boldsymbol{v}_i^{\mathrm{T}}\boldsymbol{P}(s)}{a_i(s-\lambda_i)}\qquad (i=1,2,\cdots,2n) \tag{1-101}$$

对上式两边进行拉普拉斯逆变换，解得

$$\boldsymbol{Z}_i(t)=\boldsymbol{Z}_i(0)\mathrm{e}^{\lambda_i t}+\frac{1}{a_i}\int_0^t\boldsymbol{v}_i^{\mathrm{T}}\boldsymbol{p}(\tau)\mathrm{e}^{\lambda_i(t-\tau)}\mathrm{d}\tau\qquad (i=1,2,\cdots,2n) \tag{1-102}$$

模态坐标$\boldsymbol{Z}_i$的初值$\boldsymbol{Z}_i(0)$可以按如下方程求得

$$\boldsymbol{A}_z=\boldsymbol{\Psi}^{\mathrm{T}}\boldsymbol{A}\boldsymbol{\Psi}$$

$$\boldsymbol{\Psi}^{-1}=\boldsymbol{A}_z^{-1}\boldsymbol{\Psi}^{\mathrm{T}}\boldsymbol{A}$$

则
$$\boldsymbol{Z}(0)=\boldsymbol{\Psi}^{-1}\boldsymbol{y}(0)=\boldsymbol{A}_z^{-1}\boldsymbol{\Psi}^{\mathrm{T}}\boldsymbol{A}\boldsymbol{y}(0)$$

式中，$\boldsymbol{Z}(0)$的第i行元素为

$$\boldsymbol{Z}_i(0)=\frac{1}{a_i}\boldsymbol{\Psi}_i^{\mathrm{T}}\boldsymbol{A}\boldsymbol{y}(0)=\frac{1}{a_i}\begin{bmatrix}\lambda_i v_i^{\mathrm{T}} & v_i^{\mathrm{T}}\end{bmatrix}\begin{bmatrix}0 & \boldsymbol{M}\\ \boldsymbol{M} & \boldsymbol{C}\end{bmatrix}\begin{Bmatrix}\dot{\boldsymbol{x}}_0\\ \boldsymbol{x}_0\end{Bmatrix}$$

$$=\frac{1}{a_i}\boldsymbol{v}_i^{\mathrm{T}}(\lambda_i\boldsymbol{M}\boldsymbol{x}_0+\boldsymbol{M}\dot{\boldsymbol{x}}_0+\boldsymbol{C}\boldsymbol{x}_0)$$

根据式（1-102）和$\boldsymbol{Z}_i(0)$求出$\boldsymbol{Z}_i(t)$后，再由式（1-98），可得

$$\boldsymbol{y}=\begin{Bmatrix}\dot{\boldsymbol{x}}\\ \boldsymbol{x}\end{Bmatrix}=\boldsymbol{\Psi}\boldsymbol{Z}=\begin{Bmatrix}\boldsymbol{U}\boldsymbol{A}\\ \boldsymbol{U}\end{Bmatrix}\boldsymbol{Z}$$

则$\boldsymbol{x}=\boldsymbol{U}\boldsymbol{Z}$，$\dot{\boldsymbol{x}}=\boldsymbol{U}\boldsymbol{A}\boldsymbol{Z}$，最后可得

$$\boldsymbol{x}(t)=\boldsymbol{U}\boldsymbol{Z}(t)=\sum_{i=1}^{2n}v_i\boldsymbol{Z}_i(t)$$

$$=\sum_{i=1}^{2n}\frac{\mathrm{e}^{\lambda_i t}}{a_i}\boldsymbol{v}_i\boldsymbol{v}_i^{\mathrm{T}}(\lambda_i\boldsymbol{M}\boldsymbol{x}_0+\boldsymbol{M}\dot{\boldsymbol{x}}_0+\boldsymbol{C}\boldsymbol{x}_0)+\sum_{i=1}^{2n}\frac{1}{a_i}\boldsymbol{v}_i\boldsymbol{v}_i^{\mathrm{T}}\int_0^t\boldsymbol{p}(\tau)\mathrm{e}^{\lambda_i(t-\tau)}\mathrm{d}\tau \tag{1-103}$$

式（1-103）为一般黏性阻尼系统利用复模态叠加的包括初始条件和任意激励的响应表达式。

练习题

题 1.1　已知一弹簧质量系统的振动规律为$x(t)=0.1\sin\omega t+0.6\cos\omega t$（cm），式中，$\omega=10\pi$（1 / s）。

（1）求其振幅、最大速度、最大加速度和初相位；

（2）以旋转矢量表示出它们之间的关系。

题 1.2　如图 1-28 所示的振动系统中，弹性元件及滑轮的质量忽略不计，假定滑轮转动时无摩擦作用，求系统的固有频率。

题 1.3　如图 1-29 所示为小阻尼自由振动系统，质量块的质量m为 9kg，其在自然静止状态下弹簧伸长为 12mm。在系统的自由振动 20 周内观察到振幅由 10mm 衰减到 2.5mm，

（1）求系统的阻尼系数；

（2）求衰减系数；

（3）求阻尼比；

（4）求临界阻尼。

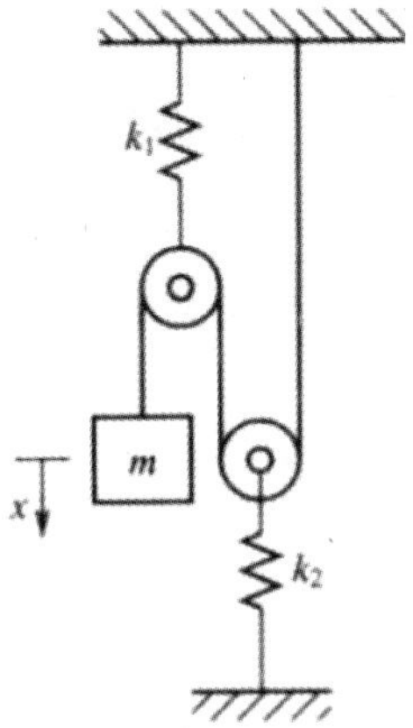

图 1–28　滑轮振动系统题

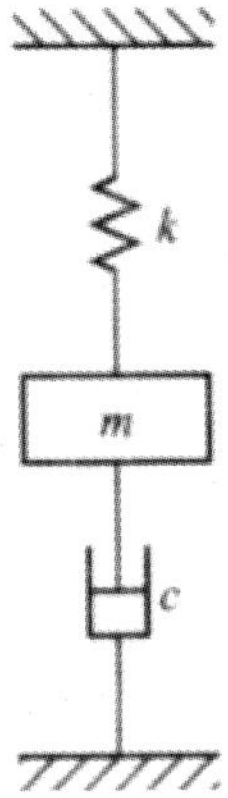

图 1–29　小阻尼自由振动系统

题 1.4　如图 1–30 所示的梯形脉冲激励作用于无阻尼弹簧–质量系统。质量的初始位移为零，但具有初始速度为 v_0。试求振动系统在时间 $t = 0.03\text{s}$ 时的响应。

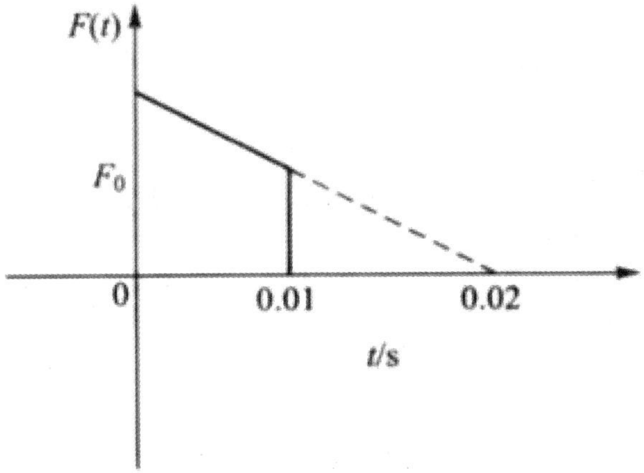

图 1–30　梯形脉冲激励

题 1.5　如图 1–31 所示的系统，试用拉格朗日法确定图中的振动系统的刚度矩阵 $\boldsymbol{K}$，并按照矩阵表达形式写出系统的振动微分方程。

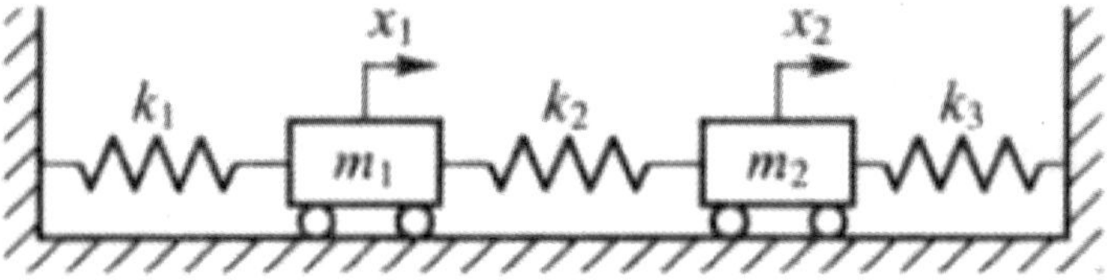

图 1–31　两质量三弹簧振动系统

题 1.6　如图 1-32 所示为汽车的平面振动模型，只考虑垂向和俯仰两个自由度。假设车身质量为 m，转动惯量为$m\rho^2$，k_f和 k_r 分别为前、后悬架的等效刚度，l_f 和 l_r 分别为质心距离前、后轴的水平距离。试求以下几个问题。

（1）系统的固有频率和主振型；

（2）若 $k_f l_f = k_r k_r$，讨论系统的固有频率和主振型；

（3）若 $\rho^2 = l_f l_r = C$，讨论系统的固有频率和主振型。

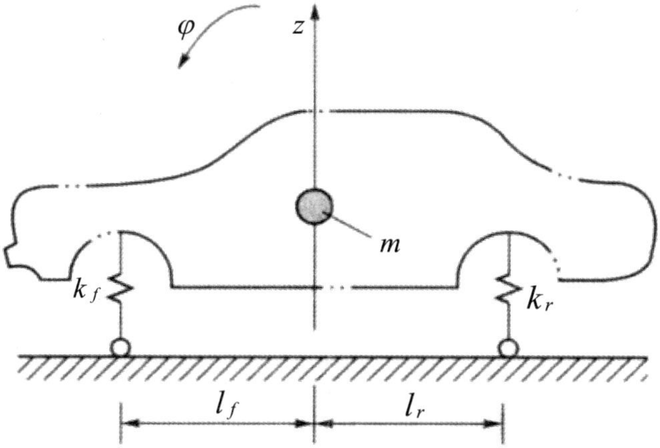

图 1–32　汽车的平面振动模型

第二章　声学理论基础

第一节　声学的基本概念

当物体振动的时候，会引起四周空气的扰动。空气具有质量和弹性，是可压缩的。空气被压缩后会扩张，然后又被压缩，由于这种不断的扰动，空气就形成了一定的压力，从而产生了声波。声波在空气中传播，其速度取决于流体的特性和气体的热力学温度。在理想气体中，声速c的定义如下：

$$c = \sqrt{\gamma R T_a} \tag{2-1}$$

式中，γ是流体的比热比；R是气体常数；T_a是热力学温度。

描述声音的参数有声压、频率、质点振速和声功率等，其中声压和频率是两个主要参数，所以也是测量的主要对象。描述声波的三个重要物理量是波长λ（m）、频率f（Hz）和声速c（m/s）。声压是指当地声压与大气压之差。存在声压的空间称为声场，声场中某一瞬时的声压值称为瞬时声压，在一段时间内最大的声压称为峰值声压，瞬时声压对时间取均方根值称为有效声压，一般声学仪表测得的往往是有效声压。如果不专门注明，人们习惯上一般提到的声压就是指有效声压。

声压与时间和位置有关，用p（x，t）来表示。图 2-1 表示在某个固定时间不同地点的声压情况。在这个波形曲线中，从某一点到完成一个完整波形传播后的另一点之间的距离被称为波长，用λ表示。

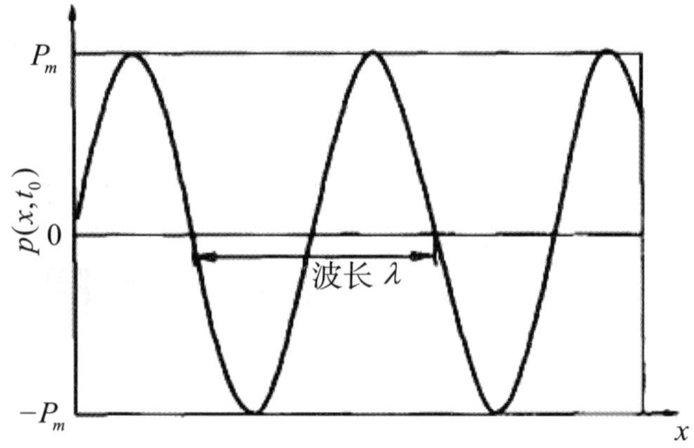

图 2-1　在某个固定时间不同地点的声压情况

图 2-2 表示在某个固定地点而不同时间的声压分布。声波完成一个完整的传播循环所需要的时间称为周期，用 T 表示。波动的快慢可以用频率 f 来表示。

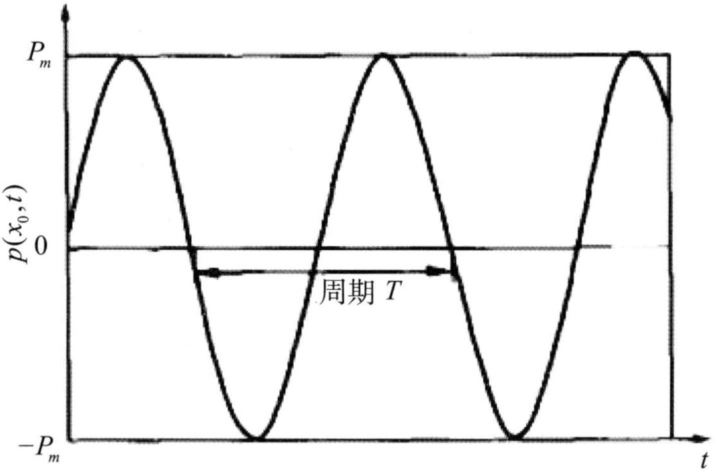

图 2-2　在某个固定地点不同时间的声压情况

频率和周期互为倒数关系，可用下式表示

$$T = \frac{1}{f} \tag{2-2}$$

波长、声速、频率和周期的关系表示如下：

$$\lambda = \frac{c}{f} = cT \tag{2-3}$$

在声学分析中，波数 k 也是一个非常重要的概念，用公式表示为

$$k = \frac{2\pi}{\lambda} \tag{2-4}$$

有了上面的概念，声压就可以用下面的公式来表示

$$p(x, t) = P_m \sin(\omega t - kx) = P_m \sin(2\pi ft - kx) \tag{2-5}$$

式中，P_m是声压幅值；t 是传播的时间；x 是传播的距离；$\omega = 2\pi f$为角频率。

声音的传播取决于介质的特性。声阻抗 Z 是表示介质特性的一个十分重要的参数，它是声压与体积速度的复数比值，表示为

$$Z = \frac{p}{U} \tag{2-6}$$

式中，p 为声压；U 为体积速度，其中

$$U = Sv \tag{2-7}$$

式中，v 是质点的速度；S 是面积。

如果不考虑面积，那么声阻抗就转变成了声阻抗率 z。声阻抗率为声压与质点速度的比值

$$z = \frac{p}{v} \tag{2-8}$$

机械阻抗z_M为力与质点速度的比值，即

$$z_M = \frac{F}{v} \tag{2-9}$$

式中，F是力。

声阻抗、声阻抗率和机械阻抗之间存在如下关系

$$z = \frac{z_M}{S} \tag{2-10}$$

$$z = SZ \tag{2-11}$$

对自由声场中的平面波存在一个特殊的声阻抗，即特性阻抗z_0。特性阻抗是某一点的介质（介质）的密度与声速的乘积，表示为

$$z_0 = \rho c \tag{2-12}$$

式中，ρ是介质的密度。

平面波的速度可以用介质中声压和特性阻抗来表示

$$v = \frac{p}{z_0} = \frac{p}{\rho c} \tag{2-13}$$

声音传播的快慢、幅值大小等与声源的特性和强弱有关。声源的强弱用声

功率（W）来表示。单位时间内，通过垂直于声波传播方向的单位面积的声能称为声强（I），单位为 W/m^2。声强 I 是一个矢量，只有规定了方向才有意义。声强的大小与离声源的距离有关，因为声源从一点向四周辐射，声源单位时间内辐射出来的声能是一定的，离开声源越远辐射声波的面积越大，通过单位面积的声能就越少，因此声强越小。声强与声功率的关系为

$$I = \frac{W}{S} \tag{2-14}$$

式中，S 是面积。

对一个球面波，声强就表示为

$$I = \frac{W}{4\pi r^2} \tag{2-15}$$

式中，r 是球面的半径。

对平面波来说，声强与声压、速度和特性阻抗存在以下关系。

$$I = pv = \frac{p^2}{z_0} = \frac{p^2}{\rho c} \tag{2-16}$$

式（2-16）表明声强大小与声压平方成正比。本书中所研究的声音都是与人的反应有关。声音的频率范围非常广，而人的听力范围是从 20~20 000Hz。低于 20Hz 的声音称为次声波，而高于 20 000Hz 的声音被称为超声波。人对声音的频率和声压幅大小非常敏感。我们把人们不喜欢的声音称为噪声。实际上，噪声的概念是纯主观上的定义。同样一种声音对一部分人来说是悦耳的声音，可是对另一部分人来说则是噪声，比如年轻人喜爱的摇滚乐对很多老年人来说可能就是噪声。

第二节　声波的产生及声波方程

声的传播是通过周围的媒质来进行的，当声源振动时就会引起声源周围弹性媒质的振动，产生声波。这样，声源产生的振动就以波的形式向外传播。声波可以在气体（空气）、液体和固体中传播，但不能在真空中传播，因为在真空中不存在能够产生振动的弹性媒质。根据传播媒质的不同，可将其分成空气声、水声和固体（结构）声等类型。

当声波在空气中传播时，空气可以被看成是若干彼此相连的微小体积单元，如果没有声的传播，各体积单元内的空气压强、密度等参数相等，而在声传播

的过程中，空气分子微粒产生有规律的振动，造成一部分单元内空气的压强和密度增加，另一部分单元内空气的压强和密度降低，对于整个媒质来说，将出现稠密和稀疏状态交替变化的现象，从而形成了声的传播，声传播经过的媒质空间称为声场。

理论上静态大气压设定为p_0，媒质受声传播扰动后的压强为p_d，这种压强的改变量被定义为声压 p。

$$p = p_d - p_0 \tag{2-17}$$

声压的大小反映了声波的强弱，声压的单位是 Pa。

由上述内容人们可知声波实际是声场空间内媒质的状态量随时间的扰动量变化和传递，如果这种变化是时间的谐波函数形式，则称为简谐声波。

声场的特征可以通过媒质中的声压 p、质点速度 v 及密度ρ来描述。而上述三个物理变量是和空间的位置及时间相关的。在声学领域人们主要关心的是声压随空间的位置及时间而变化的特性。因此，人们可以根据声波的物理性质，建立声压和空间位置及时间的联系并用数学公式表示。

声振动作为一个物理现象，必然要满足三个基本的物理定律，即牛顿第二定律、质量守恒定律及描述压强、温度与体积等状态参数关系的物态方程，运用这些基本定律，人们可以得到描述声振动现象的波动方程。

本书主要讨论基于小振幅状态下的线性声学，人们在推导波动力方程时做了如下假设。

①媒质为理想流体，即媒质中不存在黏滞性，声波在这种理想媒质中传播时没有能量耗损。

②没有声扰动时，媒质在宏观上是静止的，即初速度为零，而且媒质是均匀的，因此媒质中静态压强p_0和静态密度都ρ_0都是常数。

③声波传播时，媒质中稠密和稀疏的过程是绝热的，即媒质与相邻部分不会由于声过程引起的温度差而产生热交换，整个过程是绝热过程。

下面通过建立声波的一维波动方程，来进一步理解声传播的物理特性，

如果在声场中取一个体积单元，如图 2-3 所示。

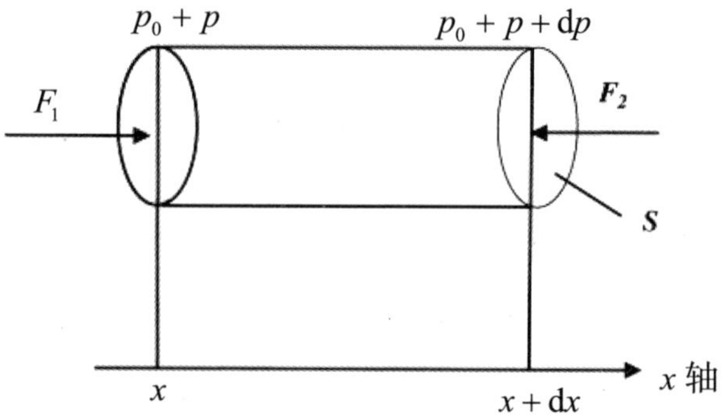

图 2-3　体积单元

对于该体积单元，由牛顿第二定律可以写出相应的运动方程。设其截面积为 s，体积可以表达为$s\mathrm{d}x$。体积单元两边的作用力分别为（p_0+p）s和（$p_0+p+\mathrm{d}p$）s，其中$\mathrm{d}p=\frac{\partial p}{\partial x}\mathrm{d}x$，它表示声压从 x 变化到$x+\mathrm{d}x$时声压的变化量。

该体积单元根据牛顿运动定律有如下关系。

$$\rho\frac{\mathrm{d}v}{\mathrm{d}t}=-\frac{\partial p}{\partial x} \tag{2-18}$$

该方程描述了声场中声压与质点速度之间的数学关系。上述方程中，体积单元的密度$\rho=\rho_0+\rho_\nabla$是变量，其中ρ_0表示媒质静态密度，ρ_∇是密度改变量，在小振幅波动条件下，相对ρ_0来说，ρ_∇是微小量。

加速度$\frac{\mathrm{d}v}{\mathrm{d}t}$应当是由体积单元本身运动产生的加速度和单元变形加速度的合成，因此，$\frac{\mathrm{d}v}{\mathrm{d}t}=\frac{\partial v}{\partial t}+\frac{\partial v}{\partial x}\cdot\frac{\mathrm{d}x}{\mathrm{d}t}=\frac{\partial v}{\partial t}+v\frac{\partial v}{\partial x}$，速度 v 也是微小量。

式（2-18）可以写为

$$(\rho_0+\rho_\nabla)\left(\frac{\partial v}{\partial t}+v\frac{\partial v}{\partial x}\right)=-\frac{\partial p}{\partial x}$$

整理并略去二阶以上的微量，运动方程成为

$$\rho_0\frac{\partial v}{\partial t}=-\frac{\partial p}{\partial x} \tag{2-19}$$

由质量守恒定律，人们应当知道单位时间内流入体积单元内的媒质质量与流出的媒质质量之差就等于该体积内媒质质量的变化量。

在x截面处，流入量为（ρv）$_x s$，在$x+\mathrm{d}x$截面处，流出量为$-$（ρv）$_{x+\mathrm{d}x}s$。

取流出量的泰勒级数展开的前两项$-\left[(\rho v)_x+\frac{\partial(\rho v)_x}{\partial x}\mathrm{d}x\right]s$作为流出量的近似值，则流入体积单元的净质量为$-s\frac{\partial(\rho v)_x}{\partial x}\mathrm{d}x$。因为质量的流入必然导致密度$\rho$随时间变化，其变化率为$\frac{\partial\rho}{\partial t}$，故体积单元内质量的增量可以写为$\frac{\partial\rho}{\partial t}s\mathrm{d}x$。

因为体积单元内的质量增量和流入体积单元的净质量一定相等，得到系统的连续性方程

$$-\frac{\partial}{\partial x}(\rho v)=\frac{\partial\rho}{\partial t}\tag{2-20}$$

和上述运动方程一样，将$\rho=\rho_0+\rho_\nabla$，代入式（2-20）后略去二阶以上的微量，有系统的连续性方程

$$-\rho_0\frac{\partial v}{\partial x}=\frac{\partial\rho_\nabla}{\partial t}\tag{2-21}$$

在声传播的过程中，还必须满足物态方程，体积单元内的状态可以用压强p、密度ρ和温度T来描述。由于声传播速度远快于热传导速度，因此可以认为，声波传播过程是绝热过程，压强p仅仅是密度ρ的函数，不同状态下压强的微变化和密度微变化应满足

$$\left(\frac{\mathrm{d}p}{\mathrm{d}\rho}\right)_0=\left(\frac{\mathrm{d}p}{\mathrm{d}\rho}\right)_1=c^2\tag{2-22}$$

式中，c为声波在媒质中的传播速度。下标“0”和“1”分别表示两个不同的状态。

由于压强的变化即是声压值，因此有

$$p=c^2\rho_\nabla\tag{2-23}$$

由式（2-19）、式（2-21）及式（2-23）三个方程得波动方程为

$$\frac{\partial^2 p}{\partial x^2}=\frac{1}{c^2}\frac{\partial^2 p}{\partial t^2}\tag{2-24}$$

式中，c为声波在媒质中的传播速度。声在空气中的传播速度被定义为c_0。

利用类似的推导方法，声波的三维声波方程可以写为

$$\frac{\partial^2 p}{\partial x^2}=\frac{1}{c^2}\frac{\partial^2 p}{\partial t^2}\tag{2-25}$$

上面导出的声波方程的过程是基本物理现象的数学表达。下面我们再通过

一个例题加深对上述概念的理解。

例 2.1　在声场中要直接测得某质点的速度是比较困难的，试根据式（2-19），采用测试该点邻近两点声压的方法，获得该质点的运动速度。

解：设围绕该质点附近的两点相距很近，则局部可以近似为平面声波，对于稳态谐波，该质点速度为$v = v_A e^{j(\omega t - kx)}$，则加速度可以写为$\frac{\partial v}{\partial t} = j\omega v_A e^{j(\omega t - kx)} = j\omega v$。

式中，ω为声源的振动圆频率；$k = \omega / c$称为声波波数。

根据式（2-19）有$\rho_0 j\omega v_A e^{j(\omega t - kx)} = \rho_0 j\omega v = -\frac{\partial p}{\partial x}$

故该点的速度可以写为

$$v = -\frac{\partial p}{\rho_0 j\omega \partial x} \tag{2-26}$$

式中，∂p和∂x可理解为围绕该点的两点间声压差和距离，而ρ_0是媒质静态密度。由于假设密度ρ的变化量ρ_∇是高阶小量，后面在不引起混淆的地方一般可设$\rho = \rho_0$。

上述推导过程就是后面要叙述的声强测试方法的理论基础。

第三节　声波的基本性质

声学中常常用波阵面来形象描述声波在三维空间的传播。所谓波阵面是指声在传播过程中，运动状态在某瞬时完全相同的媒质质点形成的面。根据声波传播时波阵面的形状不同可以将声波分成平面声波、球面声波和柱面声波等类型，下面分别讨论。

一、典型声波形式

1. 平面声波

当波阵面是垂直于传播方向的一系列平面时，该声波被称为平面声波。

例如，活塞在无限长的均匀直管中激发的声波就是平面声波。各种远离声源的声波也可近似被看成平面声波。平面声波在数学上是一维问题。

在均匀理想流体媒质中，小振幅平面声波的波动方程的解为

$$p(x, t) = p_A e^{j(\omega t - kx)} \tag{2-27}$$

式中，$k = \omega / c$为声波波数；p_A为声压幅值，$p_A = v_a \rho c$。

平面声波一个最重要的物理特性是声压幅值不随距离x变化，医用听诊器是一个很好的应用说明。

2. 球面声波

当波阵面是球面时，该声波被称为球面声波。

通常当声源的几何尺寸比声波波长小得多时，或者测试点离开声源相当远时，可以将声源看成一个点，称为点声源。而点声源发出的声波是球面声波，定义于球坐标系，球面声波的波动方程为

$$\frac{\partial^2 p}{\partial r^2} + \frac{2}{r}\frac{\partial p}{\partial r} = \frac{1}{c^2}\frac{\partial^2 p}{\partial t^2} \tag{2-28}$$

解上述方程，设变量$Y = pr$，代入式（2-28），整理后有

$$\frac{\partial^2 Y}{\partial r^2} = \frac{1}{c^2}\frac{\partial^2 Y}{\partial t^2}$$

这是一个二阶线性偏微分方程，可以得到其一般解的形式

$$p = \frac{p_A}{r}\mathrm{e}^{j(\omega t - kr)} + \frac{p_B}{r}\mathrm{e}^{j(\omega t + kr)}$$

上式的第一项表明球面声波球外辐射声波，而第二项表明向球心的反射球面波。通常人们关心研究的是球面声源球外的声辐射，因此有

$$p(r, t) = \frac{p_A}{r}\mathrm{e}^{j(\omega t - kr)} \tag{2-29}$$

式中的p_A由初始条件确定。如果已知球面的振动速度v_a和球声源的半径r_0，则声压幅值为

$$p_A = \frac{\rho c k r_0^2}{1 + (k r_0)^2} v_a (k r_0 + j)$$

空间声压随声源的面积增大而增加，例如，乐器的弦振动通过耦合带动助声膜和助声板，提高辐射的声压。球面声波的另一个重要特点是，声压随传播距离r的增加而减少，二者成反比关系。

3. 柱面声波

波阵面是同轴圆柱面的声波称为柱面声波，工程中的列车，潜艇的声辐射都可以简化为柱面声波，其在柱坐标系下的波动方程为

$$\frac{1}{r}\frac{\partial p}{\partial r}\left(r\frac{\partial p}{\partial r}\right) = \frac{1}{c^2}\frac{\partial^2 p}{\partial t^2} \tag{2-30}$$

求解上述方程并略去高阶项可求得对于远场（所考虑的点距离声源的距离远大于声波波长）的简谐柱面声波为

$$p(r,t) > p_A\sqrt{\frac{2}{kr\pi}}\mathrm{e}^{j(\omega t-kr)} \tag{2-31}$$

其幅值与距离的平方根成反比。

二、声场的能量

设声场中的微小体积单元V_0受声波扰动后产生运动的速度为v，则该体积单元的动能为

$$E_k = \frac{1}{2}\rho_0 V_0 v^2 \tag{2-32}$$

同样由于声扰动，该体积单元的压强将从ρ_0变为$\rho_0+\rho$，产生了位能。

$$E_p = \frac{V_0}{2\rho_0 c_0^2}p^2 \tag{2-33}$$

则体积单元里由声扰动产生的总声能量为动能及位能之和，为

$$\begin{aligned} E &= E_k + E_p \\ &= \frac{V_0}{2}\rho_0\left(v^2 + \frac{1}{\rho_0^2 c_0^2}p^2\right) \end{aligned} \tag{2-34}$$

式（2-34）是适用于各种类型声波的普遍表达式。

对于平面声波，由式（2-26）、式（2-17）可求得

$$v = \frac{j}{\rho_0\omega}\frac{\partial p}{\partial x} = \frac{p_A}{\rho_0 c_0}\mathrm{e}^{j(\omega t-kx)}$$

则

$$E = \frac{V_0 p_A^2}{\rho_0 c_0^2}\cos^2(\omega t - kx) \tag{2-35}$$

单位体积内的声能量称为声能密度ε，由式（2-34）则有

$$\varepsilon = \frac{E}{V_0} = \frac{1}{2}\rho_0\left(v^2 + \frac{1}{\rho_0^2 c_0^2}p^2\right) \tag{2-36}$$

式（2-36）代表的是声扰动在单位体积内的瞬时值，如果对它在一个时间周期内求平均，就得到平均声能密度，其定义为

$$\bar{\varepsilon} = \frac{1}{T}\int_0^T \varepsilon \mathrm{d}t \tag{2-37}$$

如对平面声波，由式（2-35）和式（2-37）有

$$\bar{\varepsilon} = \frac{p_A^2}{2\rho_0 c_0^2} = \frac{p_e^2}{\rho_0 c_0^2} \tag{2-38}$$

式中，$p_e = \frac{p_A}{\sqrt{2}}$被定义为有效声压。

三、声波的干涉

1. 叠加原理

现实中的声场，如机器的运转噪声、音乐等往往是一个多声源、非单一频率的声场。因此，人们先假定两列声波，在声场某点处的声压分别为p_1和p_2，对应的波动方程可以写为

$$\nabla^2 p_1 = \frac{1}{c_0^2}\frac{\partial^2 p_1}{\partial t^2}$$

$$\nabla^2 p_2 = \frac{1}{c_0^2}\frac{\partial^2 p_2}{\partial t^2}$$

式中，$\nabla^2 = \frac{\partial^2}{\partial x^2} + \frac{\partial^2}{\partial y^2} + \frac{\partial^2}{\partial z^2}$为拉普拉斯算子；$p_1$和$p_2$为对应点的声压；$c_0$为声波速度。

当两声波在空间叠加时有

$$\nabla^2 (p_1 + p_2) = \frac{1}{c_0^2}\frac{\partial^2 (p_1 + p_2)}{\partial t^2}$$

由于这里讨论的问题在线性范围内，因此两个点声源在空间合成时的声压p可以写为

$$p = p_1 + p_2$$

很明显，如果n个点声源合成时则有

$$p = p_1 + p_2 + \cdots p_n \tag{2-39}$$

这就是声波的叠加原理，它只在小振幅的线性声学范围内成立。

如果，两个声波频率相同，振动方向相同，且存在恒定的相位差，则

$$p_1 = p_{1A}\cos(\omega t - \varphi_1) = p_{1A}\cos(\omega t - k_{x_1})$$

$$p_2 = p_{2A}\cos(\omega t - \varphi_2) = p_{2A}\cos(\omega t - k_{x_2})$$

由叠加原理得 $$p = p_1 + p_2 = p_A\cos(\omega t - \varphi) \tag{2-40}$$

式中，$p_A^2 = p_{1A}^2 + p_{2A}^2 + 2p_{1A}p_{2A}\cos(\varphi_1 - \varphi_2)$

$$\varphi = \arctan\frac{p_{1A}\sin\varphi_1 + p_{2A}\sin\varphi_2}{p_{1A}\cos\varphi_1 + p_{2A}\sin\varphi_2}。$$

上式表明，对于两个频率相同、振动方向相同、相位差恒定的声波，它们的合成声仍是一个同频率的声振动。它们之间的相位差

$$\delta\varphi = \varphi_2 - \varphi_1 = k(x_2 - x_1) \tag{2-41}$$

从式（2-41）可见，相位差$\delta\varphi$与时间t无关，仅与空间位置x_1和x_2有关。合成波的声压幅值p随相位变化，并且合成波在空间某些位置振动始终加强，在另一些位置振动始终减弱，此现象称为干涉现象。这种具有相同频率、相同振动方向和恒定相位差的声波称为相干波。

当$\delta\varphi$为0，±2π，±4π，…时，p_A为极大值。在另外一些位置，当$\delta\varphi$为±π，±3π，…时，p_A为极小值。这种声压值随空间不同位置有极大值和极小值分布的周期波为驻波，其声场称为驻波声场。驻波的极大值和极小值分别称为波腹和波节。

2. 不相干声波

如果声场中多个声波的频率互不相同，或者相互之间并不存在固定的相位差，则这些声波是互不相干的。这样对于空间某定点，叠加后的合成声场不会出现驻波现象。对于这样的声场，人们可利用声场的能量来讨论它，一般是用平均声能密度和有效声压来表示不相干声波的合成特性。

此时n个声波的平均声能密度为

$$\bar{\varepsilon} = \bar{\varepsilon}_1 + \bar{\varepsilon}_2 + \cdots + \bar{\varepsilon}_n \tag{2-42}$$

声场中任一点有效声压可以写为

$$p_e^2 = p_{1e}^2 + p_{2e}^2 + \cdots p_{ne}^2 \tag{2-43}$$

第四节　声级的评估

为了表达声音的强弱，声学中采用“级”这个概念来表述。声音的强度变化范围是相当宽的，人们正常说话的声功率为 5 ～ 10 W，强力火箭发射时的声功率高达 10^9 W，两者相差十几个数量级。由于早期的图形描述是基于手工绘制的，如直接使用声功率和声压的数值来表示很不方便，并且人耳对声音强

度的感觉并不正比于强度的绝对值，而更接近正比于其对数值，因此在声学中普遍使用对数标度。使用对数标度时必须先选定基准量（或称参考量），然后对被量度量与基准量的比值求对数，这个对数值称为被量度量的“级”，如声压级，声功率级，其单位用分贝（dB）来表示。

一、声压级

声压级常用L_p表示，定义为

$$L_p = 10\times \lg \frac{p_e^2}{p_{ref}^2} = 20\times \lg \frac{p_e}{p_{ref}} \quad (2\text{-}44)$$

式中，p_e为被测量声压的有效值；p_{ref}为参考声压。

进行声压级测量时，人们首先应对将测量的噪声进行大致了解，根据噪声特性对测试仪器声级计选择适当测试方式和声级计种类。例如，对于稳态噪声可选择普遍声级计或精密声级计，对于非平稳的或脉冲噪声可选择脉冲声级计或普通声级计的脉冲挡，对于波动的或定常断续的噪声可选择积分声级计。

另外，人们应考虑测试过程中背景噪声的影响。在进行正式测量之前必须先测量背景噪声，然后与测量实验对象的噪声进行比较，若声压级相差 10 dB以上，可忽略背景噪声的影响；若声压级相差在 3~10 dB，则应进行背景噪声修正；若声压级相差低于 3 dB，说明对象噪声与背景噪声接近，应采取适当措施提高信噪比。除此之外，人们还应考虑风的影响，若测量现场有风则会严重影响测量精度。在低速风时可使用防风罩，在固定方向有高速风时可使用鼻锥。

二、声强级

声强级常用L_I表示，定义为

$$L_I = 10\times \lg \frac{I}{I_{ref}} \quad (2\text{-}45)$$

式中，I为被量度的声强；I_{ref}为基准声强，在空气中，参考声强I_{ref}取10^{-12} W/m^2。

对于空气中的平面声波其声强为

$$I = \frac{p^2}{\rho c} \quad (2\text{-}46)$$

则

$$
\begin{aligned}
L_I &= 10\times\lg\frac{I}{I_{\mathrm{ref}}} \\
&= 10\times\lg\frac{\left(\dfrac{p^2}{\rho c}\right)}{I_{\mathrm{ref}}} \\
&= 10\times\lg\frac{p^2}{p_{\mathrm{ref}}^2}+10\times\lg\frac{p_{\mathrm{ref}}^2}{\rho c I_{\mathrm{ref}}} \\
&= L_p+10\times\lg\frac{400}{\rho c}
\end{aligned}
\tag{2-47}
$$

在一个大气压下，38.9 ℃时空气特性阻抗ρc = 400 Pa。因此，在这个条件下对于空气中传播的平面声波为$L_p = L_I$。因此，对于空气中的平面声波或球面波，一般可以认为$L_p \approx L_I$。

理论上讲，用声强法测量机器声功率不受环境影响，可在现场测定运转机器的声功率。由于声强是矢量，采用声强探头及分析系统进行声强测量较方便，不需要特殊的声学环境，适宜做现场测量，所以声强测量在汽车噪声及其他机器噪声分析中得到日益广泛的应用。

根据声强的定义，沿机器的任意封闭包络面对法向声强积分便得到机器总的辐射声功率。声强测试另一个重要的方面是在现场直接进行噪声源识别。用声强法进行声场能量流的测量分析，即可测量机器结构对声音的传递特性和吸声性能。对于常规需在消声室和混响室进行的结构吸声系数、传递损失和隔声量等，可采用声强技术直接测量。

当然，声强探头及分析系统相对声压测量系统要昂贵得多，测试方式也要麻烦一些。

三、声功率级

声功率级直接反映了噪声源辐射声音的强度，因此在实际应用中占有重要的地位。

声功率级常用L_W表示，定义为

$$
L_W = 10\times\lg\frac{W}{W_{\mathrm{ref}}} \tag{2-48}
$$

式中，W 为测量的声功率的平均值，对于空气媒质，参考声功率 $W=10^{-12}$（W）；W_{ref} 为基准声功率。

声强与声功率之间的关系为 $I=W/S$。其中，S 为垂直声传播方向的面积。

则声强与声功率之间的关系为

$$L_I = L_W - 10\times\lg S \tag{2-49}$$

对于确定的声源，其空间各处的声压级和声强级是会变化的，但声功率是不变的。

传统的声功率级的测量通常在消声室或混响室中进行，有时对测试要求不高或无法在上述理想环境测试时，也可在现场进行近似测试。一般测试时对声源的球面或半球面包络面进行声压值测试，然后计算出声功率级。

在消声室测试时的声功率计算公式为

$$L_W = L_p - 10\times\lg\frac{Q}{4\pi r^2} \tag{2-50}$$

式中，Q为指向性因数，当声源是点声源时$Q=1$；r为测试包络面半径。

$$L_W = L_p + 20\times\lg r + 11 \tag{2-51}$$

对于半消声室则指向性因数$Q=2$，有

$$L_W = L_p + 20\times\lg r + 8 \tag{2-52}$$

对于混响室

$$L_W = L_p + 10\times\lg S_e - K \tag{2-53}$$

式中，K 为环境修正系数，$K=10\times\lg\left(Q+\dfrac{4S_e}{\alpha S}\right)$。

例 2.1　已知一点声源，距离其 1 m 处测得声压值是 80 dB，试估算距离为 10 m 处的声压级值，对于一般情况如果距离增加一倍，其声压级值将如何变化？

解：对于这个问题，首先可设声源的功率为W'，则距离r处的声强为

$$I = \frac{W'}{4\pi r^2}$$

任意两点r_1和r_2的声强可以写为

$$I_1 = \frac{W'}{4\pi r_1^2},\quad I_2 = \frac{W'}{4\pi r_2^2}$$

对应的声强级差为

$$\begin{aligned}\nabla L_I &= L_{I1} - L_{I2}\\ &= 10\times \lg I_1 - 10\times \lg I_2\\ &= 10\times \lg \frac{W'}{4\pi r_1^2} - 10\times \lg \frac{W'}{4\pi r_2^2}\\ &= 20\times \lg \frac{r_2}{r_1}\end{aligned}$$

由于空气中的平面声波或球面波，一般可以认为$L_p \approx L_I$，因此声压级差为

$$\nabla L_p = 20\times \lg \frac{r_2}{r_1}$$

所以，从 1~10 m 声压级降低

$$\nabla L_p = 20\times \lg \frac{10}{1} = 20\text{（dB）}$$

则在 10 m 处的声压值为

$$80 - 20 = 60\text{（dB）}$$

从这里可以清楚得出当距离增加一倍时声压级降低为

$$\nabla L_p = 20\times \lg \frac{2r_1}{r_1} = 6\text{（dB）}$$

四、声频谱分析

现实中的声音很少是单个频率的纯音，一般多是由多个频率组合而成的复合声，因此人们常常需要对声音进行频谱分析。所谓声频谱分析就是确定声波参量（包括声压、声强及声功率等）在各个频率或频带上对应的量值，即以频率为横坐标，以声波参量为纵坐标描述声能随频率变化的分布关系。

声谱分析的理论基础就是傅里叶变换，其物理意义就是将声信号表述为各频率或频带上声信号分量之和，从而揭示声信号的频率特征。进行声谱分析与进行其他信号的谱分析在本质上是一样的，只不过其分析的对象是声信号。

在声谱分析中一个常用的分析是倍频程分析，所谓倍频程分析是将连续频率分成一系列相连的频带，同时假定每一频带内的声能量是均匀分布的，常用的倍频程有 1 倍频程、1/2 倍频程和 1/3 倍频程。在音乐中一个倍频程称为一个 8 度。

在测试时人们将声音信号经过一定的带通滤波器后进行声谱分析，当带通

频率满足$\log_2(f_2/f_1)=1$时称为 1 倍频程，当$\log_2(f_2/f_1)=1/2$时称为 1/2 倍频程，当$\log_2(f_2/f_1)=1/3$时称为 1/3 倍频程，式中f_1和f_2被称为带通滤波器的上下截止频率。

第五节　声波的传播

一、声波的反射、折射、透射

声波在空间传播时会遇到各种障碍物，或者从一个媒质进入另一个媒质时，会产生声波的反射、透射、折射。声波的这些现象是声传播过程中的重要特征。

1. 垂直入射声波的反射和透射

当声波从一个媒质进入另一个媒质时，在两媒质的界面一部分声波会经界面反射返回原来的媒质，该部分声波被称为反射声波，另一部分将进入另一种媒质中的声波被称为透射声波。

首先以平面声波的传播过程来说明此过程，设有媒质 1 且其特性阻抗为ρ_1c_1，还有媒质 2 而其特性阻抗为ρ_2c_2，如图 2-4 所示。

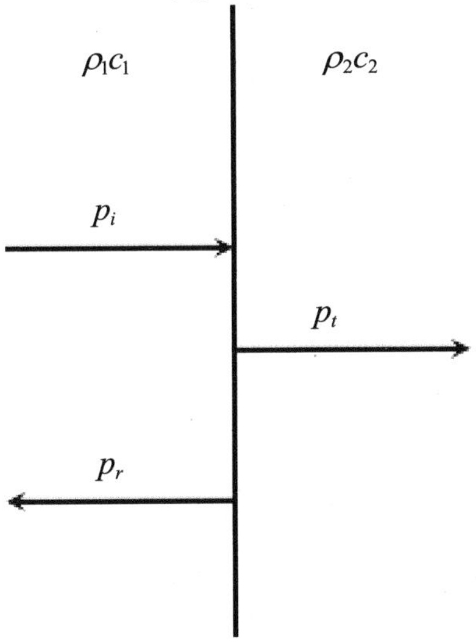

图 2-4　垂直入射声波的反射和透射

当入射声波$p_i=p_{in}e^{j(\omega t-k_1x)}$垂直入射到分界面时，由于一部分声波反射回媒质 1 形成反射声波$p_r=p_{re}e^{j(\omega t-k_1x)}$，而另一部分进入媒质 2 形成透射波$p_t=p_{tr}e^{j(\omega t-k_2x)}$。在媒质 1 中的声压值可以写为

$$p_1 = p_{in}e^{j(\omega t - k_1 x)} + p_{re}e^{j(\omega t + k_1 x)} \tag{2-54}$$

在媒质 1 中的质点速度根据$p = v\rho c$关系有

$$v_1 = \frac{p_1}{\rho_1 c_1} = v_i + v_r \tag{2-55}$$

式中，v_i 为入射声波速度；v_r 为反射声波速度。

在媒质 2 中的声压值

$$p_2 = p_t = p_{tr}e^{j(\omega t - k_2 x)} \tag{2-56}$$

在媒质 2 中的质点速度

$$v_2 = \frac{p_2}{\rho_2 c_2} = \frac{p_{tr}e^{j(\omega t - k_2 x)}}{\rho_2 c_2} = v_t \tag{2-57}$$

在分界面的声压和速度应当是连续相等的

$$p_1 = p_i + p_r = p_t = p_2$$

$$v_1 = v_i + v_t = v_t = v_2$$

式中，v_t 为透射波速度。

因此，人们只要知道两媒质的特性阻抗 $\rho_1 c_1$ 和 $\rho_2 c_2$ 及入射声波就能由上述两式求出反射声波声压和透射声波声压值。通常，用声压的反射系数 r_p 和透射系数 τ_p 来表述界面处的声波反射和透射特性。由上述两式可以得到

$$r_p = \frac{p_r}{p_i} = \frac{\rho_2 c_2 - \rho_1 c_1}{\rho_2 c_2 + \rho_1 c_1} \tag{2-58}$$

$$\tau_p = \frac{p_t}{p_i} = \frac{2\rho_2 c_2}{\rho_2 c_2 + \rho_1 c_1} \tag{2-59}$$

由上式可看出，垂直入射声波的反射特性和透射特性与媒质的阻抗特性密切相关。

下面对两种情况媒介进行分析讨论。

（1）当 $\rho_2 c_2 > \rho_1 c_1$ 时

这种情况相当于声波从一个非常软的媒质进入另一个非常硬的媒质，此时 $r_p \approx 1$，$\tau_p \approx 2$，声波在界面上产生全反射，反射波的速度和入射波的速度大小相等、方向相反，因此在界面上的速度合成值为零。反射波的声压和入射波的声压大小相等，方向相同，结果在界面上的声压合成值为入射波声压的两倍，入射波和反射波在媒质 1 中叠加并形成驻波。例如，空气中的声波射到空气与水的界面上时，就相当于这种情况。

（2）当 $\rho_2 c_2 < \rho_1 c_1$ 时

这种情况相当于声波从一个非常硬的媒质进入另一个非常软的媒质，此时 $r_p \approx -1$，$\tau_p \approx 0$，很明显声波在界面上同样产生全反射，不同的是此时反射波的速度和入射波的速度大小相等、方向相同，结果在界面上的速度合成值为入射波的两倍。反射波的声压和入射波的声压大小相等，方向相反，结果在界面上的声压合成值为零，入射波和反射波在媒质 1 中叠加形成驻波，由此可见当水中的声波射到空气与水的界面上或固体中声波射到空气的界面上时，就会产生这种情况。

2. 平面声波斜入射时的反射和透射

当平面声波斜入射到两媒质的界面时，部分声波反射回媒质 1，反射波传播方向与入射波不再在同一直线上，另一部分声波透射到媒质 2 中，此时透射声波与入射声波不再保持同一传播方向，形成声波的折射见图 2–5，而入射声波、反射声波与折射（透射）声波的传播方向应满足斯涅尔定律，即

$$\begin{cases} \theta_i = \theta_r \\ \dfrac{\sin\theta_i}{\sin\theta_t} = \dfrac{k_2}{k_1} = \dfrac{c_1}{c_2} \end{cases} \tag{2-60}$$

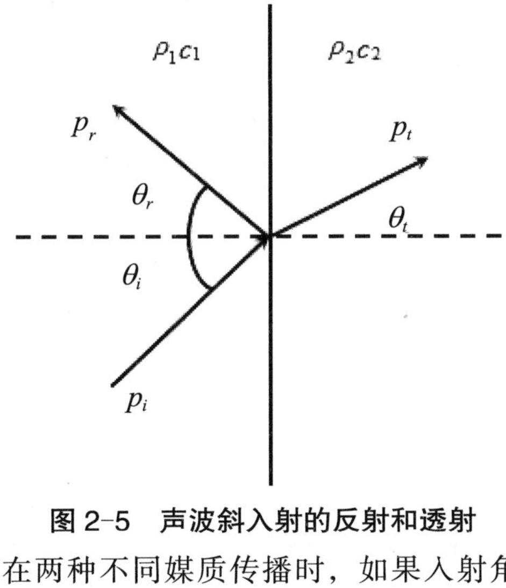

图 2–5　声波斜入射的反射和透射

上式表明声波在两种不同媒质传播时，如果入射角达到一个临界角度 θ_{iC}，使得折射角 $\theta_t \geq \dfrac{\pi}{2}$，则声波不会传到媒质 2 中从而形成声波的全反射。

入射声波、反射声波及折射声波之间的关系可根据界面上的边界条件求得。在两媒质界面上，两边的声压与质点法向速度（即垂直于界面的质点速度分量）应连续，即

$$p_i + p_r = p_t$$

$$v_i \cos\theta_i + v_r \cos\theta_r = v_t \cos\theta_t$$

于是，可以得到

$$r_p = \frac{p_r}{p_i} = \frac{\rho_2 c_2 \cos\theta_i - \rho_1 c_1 \cos\theta_t}{\rho_2 c_2 \cos\theta_i + \rho_1 c_1 \cos\theta_t} \tag{2-61}$$

$$\tau_p = \frac{p_i}{p_t} = \frac{2\rho_2 c_2 \cos\theta_i}{\rho_2 c_2 \cos\theta_i + \rho_1 c_1 \cos\theta_t} \tag{2-62}$$

例 2.2　已知某液体的密度是 800 kg/m^3，声波在其中的声速是 1300 m/s，试求平面声波从该液体进入水中的临界入射角。

解：设临界入射角为θ_{iC}，此时$\theta_t = \pi / 2$，$\sin\theta_t = 1$，按斯涅尔定律第 2 式，有

$$\sin\theta_{tC} = \frac{c_L}{c_{tC}}$$

式中，c_L为声波在该液体中的传播速度。

已知声波在水中的速度 c_{tC}=1 483m/s，则

$$\theta_C = \arcsin\frac{1300}{1483} = 61.5°$$

对于声波从一个媒质传播到另一个媒质的特性，还可以用吸声系数α这个概念来描述。

$$\alpha = 1 - \left|r_p\right|^2 \tag{2-63}$$

吸声系数越大表示声波透射越大。当$\alpha = 1$时，垂直入射声波将从一个媒质完全进入另一个媒质，当两个媒质的特性阻抗相同时，垂直入射声波都会有$\alpha = 1$的全透射；当$\alpha = 0$时，表示垂直入射声波将产生全反射。

二、声波的绕射

当声波越过障碍物边缘时，声波传播方向会发生偏转从而绕过障碍物，这种现象称为声波绕射或衍射。声绕射同障碍物的尺寸与声波波长的比值有关，比值越小，则绕射现象越显著，波阵面畸变越大，使用同一块隔声屏板时，高频声波的声影区大，隔声保护作用好，低频声波的声影区小，隔声保护作用差。

第六节　噪声及其控制技术

一、噪声源识别

根据噪声源发声机理通常将噪声分成三类：机械噪声、空气动力噪声和电磁噪声。机械噪声往往是由于机械部件的振动、撞击、摩擦、不平衡等造成的。空气动力噪声是由于气体流动中的相互作用或与固体间的作用而产生的。电磁噪声则是由于电磁场交变造成机械部件或空间容积的振动而产生的。

噪声源识别就是针对分析对象中存在的各种声源，采用各种方法了解其产生噪声的机理，为采取有效的降噪措施提供依据。

声源识别的方法很多，实际应用时人们应根据具体情况合理采用一种适当的方法，或用几种方法相互补充验证，以保证有效地识别声源。下面简要介绍几种常用的声源识别方法。

1. 主观评价法

该方法就是对于结构简单的系统或熟知的设备，直接利用人的听觉系统对噪声进行鉴别，以判断声源的位置和特性。这种方法简便易行，但取决于人的实践经验，无法对噪声源作定量描述。

2. 分别运行法

对于存在多个发声组件或部件的复杂机器，若能将它们依次脱开运行，在声学环境不变的条件下，人们可以首先测得整个机器运转时的噪声，然后脱开某个部件或组件，使之不产生噪声，再运转机器测量噪声，从而识别出噪声源。但部件间的影响总是存在的，这就影响了该方法的识别精度。

3. 覆盖法

使用该方法时人们通常用铅板做成一个与机器各部分表面相接近的密封隔声罩，罩的内壁衬有吸声材料，以消除罩内的混响。罩表面设计出可打开的小窗口，则相应的机器表面暴露出来形成直接向罩外辐射噪声，这时可测得机器暴露部分表面辐射的声压级，依次移动窗口则可确定机器噪声的主要辐射面和该面上的主要辐射区域，从而达到声源识别的目的。

4. 表面振速测量法

以结构噪声为主的设备，结构表面声压与结构表面振动速度成正比。表面振动法就利用这个正比关系，建立结构表面振动与表面声压之间的关系，通过测试结构表面振动速度来求解表面的声功率。

5. 信号分析法

该方法根据测试的振动信号、噪声信号等采用频谱分析、倒频谱分析、相关分析和相干分析等技术来确定噪声信号的频率特性及各信号间的相互关系，从而达到识别声源的目的。

6. 声强测量法

声强测量法是目前噪声源识别中较为先进的技术，由于声强是矢量，因此测试时其不受声源类型和现场的限制。该方法可以直接识别出声源。

7. 声全息法

声全息技术随着信号分析技术的发展，越来越得到发展和应用。它通过测量声源在声场中一个面或一个包络面的声压或声强，利用傅里叶声学理论进行逆向推导，从而识别出声源。

二、噪声的被动控制技术

目前噪声控制的方法可以分为被动控制和主动控制，所谓被动控制指噪声控制过程中除噪声源外没有其他外加能量输入的控制方法。传统的吸声、隔声、消声及隔振等均属噪声被动控制。在噪声控制过程中人为加入能量（次级声源或次级力源等）来控制噪声的方法称为噪声主动控制。例如，在噪声声场中加入另外一个或几个声源（这些声源称次级声源）来抵消噪声，或者用一个或几个力源（这些力源称次级力源）来抑制结构振动，降低声辐射的方法都属主动控制范畴。

1. 吸声降噪

吸声降噪技术通常分成两类：多孔吸声材料和吸声结构。吸声材料和吸声结构的吸声特性通常用吸声系数来表示。

$$\alpha = \frac{E_\alpha}{E_i} = 1 - r \tag{2-64}$$

式中，E_i为入射能量；E_α为吸收能量；r为反射系数。

注意式（2-64）与式（2-63）的关系。在式（2-64）中的反射系数r是能量反射系数，而式（2-63）中的反射系数r_p是声压反射系数，但声压和声能之间有一个平方关系，因此式（2-64）与式（2-63）是等效的。

吸声系数反映了单位面积的吸声能力，实际吸声量A则为

$$A = \alpha S$$

式中，S为吸声面积。

（1）多孔吸声材料

吸声材料是指能够大量吸收入射在其上的声能的材料。噪声控制工程中常用的吸声材料都是多孔材料，如矿渣棉、石棉、玻璃棉、毛毡、木丝板等，这些材料表面富有细孔，孔和孔之间互相连通，并深入材料内层，声波容易顺利地透入。当声波进入材料孔隙时会引起孔隙中的空气和材料的细小纤维波动，由于它们具有摩擦和黏滞阻尼作用，声能变为热能而耗散掉。各种多孔吸声材料的吸声系数可以在相关手册中查到。在采用多孔吸声材料进行噪声控制时，人们应当注意以下几个问题。

①多孔吸声材料的吸声特性随声音的频率变化而变化。低频时，由于孔隙中的空气在单位时间内的振动次数少，对声波的衰减作用不大，故吸声系数很低，随着频率的提高，吸声系数逐渐增大，达到某一值后，增加不再明显。

②使用同一种多孔吸声材料，增加其厚度，可以提高低、中频的吸声效果，对高频吸声效果几乎没有影响，但厚度增加到一定程度后，效果就变得不明显了，而成本却增加很多，是不经济的。此外，如果吸声材料结构设计时附加背后空气层也可起到提高中、低频吸声效果的作用。

③温度、湿度和气流等环境条件对材料的吸声性能也有一定影响。温度增高，吸声峰值向高频移动。因此，使用时不要超过材料的温度使用范围，否则材料会被破坏，失去吸声作用。当吸声材料吸水受潮会引起材料变质，材料中的间隙和小孔被水堵塞，使孔隙率减小，从而影响吸声性能。气流则会使材料纤维飞散，还会引起声波波长变化，使吸声峰值向高或低移动，呈现特性不稳定情况。

④多孔吸声材料的密度对吸声系数有一定影响，这是因为它直接与流阻有关。一般来讲，吸声材料的密度增加，低频吸声效果增加，高频吸声效果则下降。因此，必须合理选择吸声材料的密度，以求得最佳的吸声效果。

（2）共振吸声结构

从能量平衡原理我们可知，如果将噪声的能量转换为其他能量就能起到降低噪声的效果，吸声材料主要是将声能转变为热能，从而有效吸收中、高频声音。共振吸声结构利用声波激发结构或系统振动，通过结构的共振最大限度地吸收声能，从而达到吸声的目的。共振吸声结构的不足是其工作吸声频带较窄。

常见共振吸声结构有薄膜共振吸声结构、穿孔板式吸声结构、微穿孔板吸声结构等。

①薄膜共振吸声结构。薄膜共振吸声结构由不透气的薄膜结构和其后面的

封闭空气共同构成共振系统，以声腔共振方式吸收噪声的能量。该系统吸收噪声的频带窄，一般要达到宽频吸声的效果时，必须和其他形式的消声措施结合使用。薄膜共振吸声结构共振频率为

$$f_0 = \frac{c}{2\pi}\sqrt{\frac{\rho}{\rho_s D}} \tag{2-65}$$

式中，ρ 为薄膜密度；D 为薄膜后空气的腔深。

②穿孔板吸声结构。穿孔板吸声结构是共振吸声结构的另一种形式，人们在板材上以一定的孔径和穿孔率打上孔从而与背后的空气层共同构成穿孔板吸声结构。穿孔板结构的吸声机理：当声波通过板上的小孔进入后面的腔体时，引起空气振荡，其中板上小孔内的空气柱在振荡过程中与板壁而摩擦产生热能而耗散掉，从而起到吸声的作用，尤其是当声波频率与空腔的频率吻合时将产生共振，可以吸收大量的声能。

如果已知穿孔板上的穿孔率为B，板后空气层厚度为h，则穿孔板吸声结构的共振频率

$$f_0 = \frac{c}{2\pi}\sqrt{\frac{B}{hL_e}} \tag{2-66}$$

式中，L_e为板上孔的有效长度，对于圆孔，$L_e = L + \frac{\pi}{4}d$，其中L为实际孔长，d为孔的直径。

实际工程应用中，板厚为 2~5 mm，孔径为 2~4 mm，穿孔率为 1%~10%，板后空气层厚度为 10~25 cm。

③微穿孔板吸声结构。穿孔板吸声结构虽然可以吸收低频的噪声，但其吸声频带窄，为增加其吸声频带，它通常要和多孔吸声材料相组合使用，但是如果将穿孔板的穿孔直径减小到 1 mm 以下，则可增加吸声系数，拓宽吸声频带。微穿孔板吸声结构通常指板厚小于 1 mm 的薄板上穿以孔径小于 1 mm 的微孔，穿孔率为 1%~5%，板后面留有 5~20 mm 厚度空气层的吸声结构。

表征微穿孔板吸声结构的声阻抗

$$Z = R + j\left(\omega M - \cot\frac{\omega D}{c}\right) \tag{2-67}$$

式中，c为声速；D为腔深；R为声阻；M为声质量。

$$R = \frac{0.147tK_t}{d^2B}$$

$$M = \frac{0.294 \times tK_m}{d^2B}$$

式中，K_t为声阻系数；K_m为声质量系数。

$$K_t = \sqrt{1 + \frac{x^2}{32}} + \frac{\sqrt{2}xd}{8t},$$

$$K_m = 1 + \frac{1}{\sqrt{9 + x^2 / 2}} + 0.85\frac{d}{x}$$

式中，$x = 10d / f$；$\omega = 2\pi f$；f为频率；d为孔径；t为板厚；B为穿孔率。

微穿孔板吸声结构的共振频率可以写为

$$f_r = \frac{1}{2\pi\sqrt{(M + D / 3c)(D / c)}} \tag{2-68}$$

微穿孔板吸声结构可以在气流、温度、湿度大幅度变化的环境中应用，其吸声频带宽度为 6~10 个 1/3 倍频程。

2. 隔声结构

隔声是噪声控制中的重要方法之一。所谓隔声是指在噪声传播的途径上设置障碍以阻止声波传播。衡量隔声效果的两个重要指标是声强透射系数（简称透射系数）和隔声量。

前面介绍了声压透射系数，而在隔声结构设计中常用的是声强透射系数，它为透射声强 I_t 与入射声 I_i 强之比

$$\tau = \frac{I_t}{I_i} \tag{2-69}$$

隔声量TL为

$$TL = 10\times \lg\frac{1}{\tau} = 10\times \lg\frac{I_i}{I_t} = 20\times \lg\frac{p_i}{p_t} \tag{2-70}$$

隔声法常用的隔声装置有隔声罩、隔声室和隔声屏等，常用的基本隔声结构有单层壁和双层壁两种。

（1）单层壁的隔声

隔声法中最简单的隔声结构是单层均质壁，如钢板、铅板、砖墙、钢筋混凝土墙等。人们经过实验发现，单层壁的隔声量与壁的单位面积质量有密切关系。单位面积质量越大，其隔声量越高；同样厚度的钢板比铝板隔声效果好；

同样材料的结构，厚度大的隔声效果好。当声波垂直入射到单层壁面上时，如果忽略壁的弹性，则壁将在声波作用下做整体振动，从而引起壁另一侧的空气振动，部分入射声就这样透射过单层壁。此时，隔声量可用下式计算

$$TL = 10 \times \lg\left[1 + \left(\frac{\omega m}{2\rho_1 c_1}\right)^2\right] \tag{2-71}$$

通常$\frac{\omega m}{\rho_1 c_1} > 1$，则有

$$TL = 20 \times \lg\frac{\omega m}{2\rho_1 c_1} \tag{2-72}$$

式中，m 为板壁的单位面积质量；$\rho_1 c_1$ 为入射波一段的特性阻抗；ω 为角频率。

上式被称为隔声的“质量定律”。

如板壁是在空气中进行隔声，则式（2-70）可以写为

$$TL = 20 \times \lg mf - 42.5 \tag{2-73}$$

若声波以角度 θ 射到壁面上而其他条件不变，则隔声量为

$$TL = 10 \times \lg\left[1 + \left(\frac{\omega\rho_2\cos\theta}{2\rho_2 c_2}\right)^2\right] \tag{2-74}$$

若声波随机射到壁面上，则隔声量为

$$TL = 18.5 \times \lg mf - 47.5 \tag{2-75}$$

比较式（2-72）、式（2-73）和式（2-74）可见，垂直入射时的隔声量比其他形式大。

如果考虑到隔声结构是弹性体，则当入射声波的频率与单层壁固有频率相等时，将引起壁的共振，从而使隔声效果大大下降。为了改善轻质隔声结构的隔声效果，可在这些结构的表面进行阻尼处理以削弱结构共振。

由于隔声板是弹性体，在入射声波作用下会产生弯曲振动。如果一定频率的声波以某一角度投射到壁面上，其波峰、波谷正好与壁面弯曲振动的波峰和波谷相吻合时，壁的弯曲振动及其向另一侧的声辐射都会达到极大，那么壁的隔声量就变得很小，从而形成了隔声低谷，这一现象被称为吻合效应。可能产生吻合效应的最低频率被称为临界频率，可用下式计算

$$f_c = \frac{c^2}{2\pi \sin^2\theta}\sqrt{\frac{12\rho(1-\mu^2)}{ED^2}} \tag{2-76}$$

式中，c为声速；θ为入射角；E为隔声板的杨氏模量；D为板厚；ρ为密度；μ为泊松比。

当入射声波频率小于临界频率时，隔声结构可以被视为像刚体一样做整体振动，这时要注意共振现象对隔声的不利影响。当入射声波频率高于临界频率时，就可能产生吻合效应从而使隔声量减小。对单一频率的声波，吻合效应只在特定的入射方向下才会发生，而无规律入射时，则可在某一频段内产生吻合效应。因此，人们应注意设计隔声结构，使吻合效应的临界频率高于所限声波的频率范围，或者上限大于人耳敏感的频率范围上限。

（2）双层隔声结构

由单层隔声结构的隔声质量定律可知，单位面积重量增加 1 倍，隔声量增加 6 dB。但仅仅依靠增加墙的厚度来提高隔声量是不经济的。如果把单层墙一分为二，采用双层壁，虽然重量一样但隔声效果更好。

双层壁之所以能提高隔声性能是因为当声波激发起第一层壁振动时，这种振动先传给空气层，再传给第二层壁，然后再向另一侧辐射声能。由于空气层的弹性变形具有缓冲减振作用，使得传给第二层壁的振动大为减弱，从而提高了总的隔声量。但双层隔声结构间的空气会作为弹簧与隔声壁质量发生共振，影响隔声效果，其共振频率可以写为

$$f_0 = \frac{c_0}{2\pi}\sqrt{\frac{2\rho_0}{mD}} \tag{2-77}$$

在入射波频率低于共振频率时双层壁的隔声量

$$TL = 10\times \lg\left[1+\left(\frac{\omega m}{2\rho_0 c_0}\right)^2\right] \tag{2-78}$$

将上式与单层壁的隔声量比较人们可以发现，此时双层壁的隔声相当于将两垛壁合成一个的隔声量，这说明在低频段双层壁的效果不比单层壁合在一起的效果更好。

在入射波频率高于共振频率时双层壁的隔声量

$$TL = 10\times \lg\left[\left(\frac{\omega m}{\rho_0 c_0}\right)^4 (2kD)^2\right] \tag{2-79}$$

上式表明此时双层壁隔声效果相当于两层墙的隔声量再加上一个值，故总隔声量大为增加。

通常双层壁之间空气层厚度增加，隔声量增加，但空气层厚度超过 10 cm 后，隔声量就几乎不再增加，故一般取空气层厚度为 8~10 cm，双层壁隔声也存在与单层壁一样的吻合效应，若两壁为厚度相同的同种材料时，其吻合临界频率与单层壁相同，可使隔声量下降。若两壁采用不同材料或设计成不同厚度时，两个单层壁的临界频率互相错开，从而避免出现隔声量低的吻合效应区域。在双层壁中间的空气层内填入适量的吸声材料可减轻共振及吻合效应对隔声效果的影响。一般在壁中间空气层填充一些内阻较大的材料，如玻璃棉、矿质棉等材料可以进一步提高结构的隔声效果。

3. 消声器

消声器是一种允许气流通过，阻止噪声或降低噪声的特殊装置，它被广泛应用于噪声控制工程中，如汽车发动机总安装有消声器。消声器的种类很多，这里主要给介绍阻性消声器和抗性消声器，多数的其他类型消声器均是在这两类的基础上发展起来的。

（1）阻性消声器

阻性消声器中的吸声材料安装在气流通道内，当噪声沿消声器管道传播时，声波由于摩擦和黏滞作用，将部分声能转变为热能耗散掉，从而达到消声的目的。由于吸声材料的作用类似电路中的电阻，故称为阻性消声器。一般吸声材料的中、高频吸声特性好，所以这类消声器的中、高频消声性能较好。

阻性消声器的设计有许多方法，其中最基本的是基于声衰减量 L_A 的设计。

$$L_A = 1.03\alpha^{1.4}\frac{L}{S}l \tag{2-80}$$

式中，α 为吸声材料平均吸声系数；L 为消声器断面周长；S 为消声器截面有效面积；l 为消声器有效长度。

阻性消声器除低频吸声特性不是很好外，还存在一个高频失效问题。当声波频率足够高时，声波波长相对通道截面尺寸很小，此时声波呈束状通过消声器，很少与吸声材料接触，于是消声性能显著下降。产生这一现象的频率称为上限失效频率 f_L。

$$f_L = 1.85\frac{c_0}{D} \tag{2-81}$$

式中，c_0 为声速；D 为消声器的当量直径。

（2）抗性消声器

这类消声器一般是全金属结构，其构造简单、耐高温、耐腐蚀、耐气流冲击、不会被炭灰微粒堵塞、成本低、寿命长。但单纯抗性消声器的选择性强，适用于中、低频噪声控制。

对于单节扩张室抗性消声器，其传声损失可以写为

$$TL = 10\times\lg\frac{1}{\tau} = 10\times\lg\left[1+\frac{1}{4}\left(\eta-\frac{1}{\eta}\right)^2\sin^2 kl\right] \tag{2-82}$$

式中，η为抗性消声器的扩张比。

在式（2-82）中，当$kl = (2n+1)\pi/2$，即$l = (2n+1)\lambda/4$时，传声损失 TL 最大。而当$kl = n\pi$，即$l = n\lambda/2$时，$TL = 0$，此时声波可无衰减地通过，这是单节抗性消声器的最大缺陷。

抗性消声器的消声量随扩张比的增加而增加，但到一定程度，波长很短的高频声波会出现和阻性消声器一样且声波呈束状通过消声器的现象。此时，其消声性能显著下降，产生这一现象的抗性消声器上限失效频率为

$$f_L = 1.22\frac{c_0}{D} \tag{2-83}$$

抗性消声器的有效频率范围还存在一个下限截止频率，在低频范围内，当声波波长远大于抗性消声器的结构长度时，抗性消声器的扩张室和连接部分的空气媒质构成了一个集中质量声振系统，当入射声波的频率和该系统的频率一致时，产生共振，此时抗性消声器不仅不能降噪反而还会放大声音。

抗性消声器的下限截止频率f_l可以写成

$$f_l = \frac{1}{\pi}\sqrt{\frac{S}{2VL}} \tag{2-84}$$

式中，S为连接管的截面积；L为连接管的长度；V为扩张室的体积。

练习题

题 2.1　推导出一维坐标下质点速度的波动方程并求其通解。

题 2.2　已知频率为 500 Hz 的声波的声速在空气中是 340 m/s、水中是 1483 m/s、钢中是 6100 m/s，试求空气、水中和钢中的波长分别为多少？

题 2.3　在标准温度的空气中，有一平面声波，已知其声压为 82 dB，试求其有效声压、平均声能密度与声强。

题 2.4　试计算声波由空气垂直射到水面时的声压反射系数和声压透射系数，如果入射角是 30° 则折射角多大？何种情况下产生全反射？入射临界角多大？

题 2.5　反射波的声强与入射波的声强之比为声强反射系数，透射波的声强与入射波的声强之比为声强透射系数，试推导声波垂直入射时与斜入射时的声强反射系数和声强透射系数，并说明声强反射系数、声压透射系数、声强透射系数的关系。

题 2.6　什么是相干声波和不相干声波？

题 2.7　声阻抗是如何定义的？其实部和虚部的物理含义是什么？

题 2.8　声压级、声强级和声功率级是如何定义的，三者之间的关系如何？

题 2.9　声压级中为什么定义不同的计权方式？

题 2.10　常用的噪声源识别方法有哪些？

题 2.11　吸声材料和吸声结构在降噪中的机理有什么不同？

题 2.12　试求空气中厚为 0.5 mm 的钢板在不考虑其弹性特性时，其对 300 Hz 及 1500 Hz 的不同入射声波的隔声量？

题 2.13　什么是隔声过程中的吻合效应？它和隔声中的结构共振有何不同？

题 2.14　阻性消声器与抗性消声器的本质区别是什么，在使用时要注意什么问题？

第三章　汽车发动机振动分析及其控制

第一节　发动机的振动激励源分析

一、单缸发动机的激励源

发动机及与其刚性连接的离合器、变速器等组成的动力总成是汽车车体中最大的集中质量，发动机工作中产生的不平衡惯性力和力矩是引起汽车振动的主要激励源之一。因此，动力总成及将其与车架相连的支承元件所组成的发动机悬置系统是汽车振动系统中十分重要的子系统。适当选择发动机支承参数（支承的刚度、安装位置和角度等）不仅可使整车振动及噪声水平明显下降，而且还能防止发动机机件过早损坏，从而提高车上各零部件的疲劳寿命。因此，在现代汽车设计中，发动机悬置系统的设计受到人们的广泛重视。人们在讨论发动机的振动激励源时主要讨论导致发动机扭振的振动激励源。

1. 惯性力激励源

讨论发动机振动时，人们常在保证重心位置和总质量不变的条件下，根据力学原理，把整套曲柄连杆机构的质量用集中在曲柄销与活塞销上的两个质量来代替。于是，曲柄连杆机构就简化为图 3-1 所示的系统。其中，质量 m_1 通常由曲柄销、曲柄腕的不平衡部分和连杆大端组成，由它产生回转离心力；质量 m_2 通常由活塞组和连杆小端组成，由它产生往复惯性力。

集中在曲柄销上的质量 m_1 作等速圆周运动，其离心惯性力 P_r 为

$$P_r = m_1 r\omega^2 \qquad (3\text{-}1)$$

式中，ω 为曲轴的角速度。若曲轴的每分钟转速为 n，则 $\omega = 2\pi n / 60$。式（3-1）为单缸发动机回转部分的离心力，其大小不变，只变方向，即

它是随着曲柄回转，且总是沿着曲柄半径方向向外作用。

集中在活塞销上的质量 m_2 做上下往复运动，人们由如图 3-1 所示的几何关系可列出 m_2 沿 x 轴的位移。

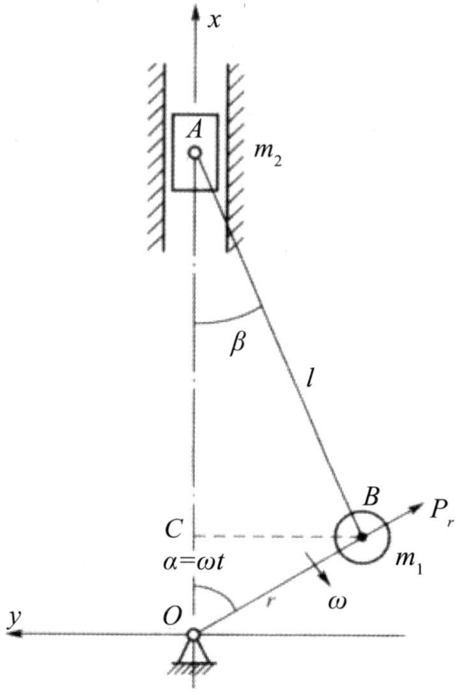

图 3-1　发动机运动部件简图

$$\begin{aligned} x &= OC + CA \\ &= OB\cos\alpha + AB\cos\beta \\ &= r\cos\alpha + l\cos\beta \\ &= r\left(\cos\alpha + \frac{1}{\lambda}\cos\beta\right) \end{aligned} \tag{3-2}$$

式中，λ为曲柄半径与连杆长度之比，一般在 1/2 ～ 1/5 的范围内。

由图 3-1 中$\triangle ABC$和$\triangle OAB$的几何关系可得

$$l\sin\beta = r\sin\alpha$$

所以

$$\sin\beta = \frac{r}{l}\sin\alpha = \lambda\sin\alpha$$

则

$$\begin{aligned}\cos\beta &= \sqrt{1-\lambda^2\sin^2\alpha}\\ &=(1-\lambda^2\sin^2\alpha)^{1/2}\\ &=1-\frac{1}{2}\lambda^2\sin^2\alpha-\frac{1}{8}\lambda^4\sin^4\alpha-\frac{1}{16}\lambda^6\sin^6\alpha\cdots\end{aligned}$$

又因

$$\sin^2\alpha = \frac{1}{2}(1-\cos2\alpha)$$

忽略高次项，所以

$$\cos\beta\approx1-\frac{1}{2}\lambda^2\sin^2\alpha\approx1-\frac{1}{4}\lambda^2(1-\cos2\alpha)$$

将此式代入式（3-2）得

$$\begin{aligned}x&=l\left(1-\frac{\lambda^2}{4}\right)+r\left(\cos\alpha+\frac{\lambda}{4}\cos2\alpha\right)\\ &=l\left(1-\frac{\lambda^2}{4}\right)+r\left(\cos\omega t+\frac{\lambda}{4}\cos2\omega t\right)\end{aligned}\tag{3-3}$$

式（3-3）就是活塞位移的近似公式样。有了位移后即可求其速度和加速度，为

$$\dot{x}=\frac{\mathrm{d}x}{\mathrm{d}t}=-r\omega\left(\sin\omega t+\frac{\lambda}{2}\sin2\omega t\right)\tag{3-4}$$

$$\ddot{x}=\frac{\mathrm{d}^2x}{\mathrm{d}t^2}=-r\omega^2(\cos\omega t+\lambda\cos2\omega t)\tag{3-5}$$

集中质量 m_2 的往复惯性力为

$$\begin{aligned}P_j&=m_2\,\dot{x}\\ &=-m_2\,r\omega^2(\cos\omega t+\lambda\cos2\omega t)\\ &=-m_2\,r\omega^2\cos\omega t-m_2\,\lambda\omega^2\cos2\omega t\end{aligned}\tag{3-6}$$

由式（3-6）可知，单缸发动机中往复运动部分的惯性力由两部分组成：一部分幅值为$m_2r\omega^2$，变化频率等于曲轴角速度ω，即曲轴每转一转，它变化一次，称为一次惯性力；另一部分幅值为$m_2r\omega^2$，变化频率等于2ω，即两倍的曲轴角速度，则曲轴每转一转，它要变化二次，称为二次惯性力。

2. 单缸发动机的总激励源

当发动机工作时，作用在曲柄连杆机构上的主动力是

$$P = P_g + P_j \tag{3-7}$$

式中，P_g为活塞顶面上气体的爆发压力。

由图 3-2 可写出活塞的受力平衡方程

$$\left.\begin{aligned} \sum F_x = 0 \qquad & P_t\cos\beta - P_g + P_i = 0 \\ \sum F_y = 0 \qquad & P_t\sin\beta - P_n = 0 \end{aligned}\right\} \tag{3-8}$$

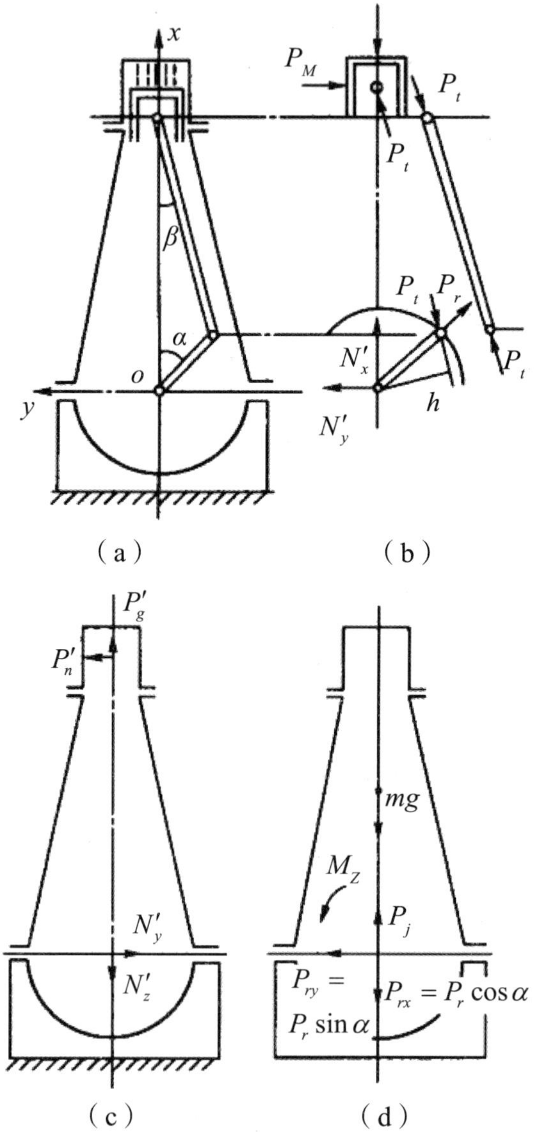

图 3-2 单缸发动机受力简图

由此可解出连杆的轴向力P_t和活塞的侧向压力P_n：

$$\left.\begin{aligned} P_t &= \frac{P}{\cos\beta} \\ P_n &= P\tan\beta \end{aligned}\right\} \tag{3-9}$$

迫使曲轴旋转的主动力矩为

$$\begin{aligned} M_{主} &= P_t h = P_t r\sin(\alpha+\beta) \\ &= \frac{\sin(\alpha+\beta)}{\cos\beta} r + P_j \frac{\sin(\alpha+\beta)}{\cos\beta} r \\ &= M_p + M_j \end{aligned} \tag{3-10}$$

由此可见，气体压力和往复惯性力都会对曲轴产生转动力矩，其值是周期性变化的，且变动的幅值也比较大，此力矩会激起曲轴系统的扭转振动。

根据作用力和反作用力定律，通过活塞作用在缸体上的侧向压力为$P'_n = P_n$，这会产生一反力矩，使发动机缸体绕曲轴轴线反向转动。

$$\begin{aligned} M_{反} &= P'_n OA = (P\tan\beta)\ (r\cos\alpha + l\cos\beta) \\ &= (P\tan\beta)\left(r\cos\alpha + \frac{l\sin\beta\cos\beta}{\sin\beta}\right) \\ &= (P\tan\beta)\cdot r\frac{\sin\beta\cos\alpha + \sin\alpha\cos\beta}{\sin\beta} \\ &= (P\tan\beta)\cdot r\frac{\sin(\alpha+\beta)}{\sin\beta} \\ &= P\frac{\sin(\alpha+\beta)}{\cos\beta} r \\ &= M_{主} \end{aligned} \tag{3-11}$$

由图 3-2 可写出曲轴的受力平衡方程

$$\left.\begin{aligned} \sum F_x = 0 \qquad & N_x - P_t\cos\beta + P_r\cos\alpha = 0 \\ \sum F_y = 0 \qquad & N_y - P_t\sin\beta - P_r\sin\alpha = 0 \end{aligned}\right\} \tag{3-12}$$

由此可解出支承的反作用力

$$\begin{aligned} N_x &= P_t\cos\beta - P_r\cos\alpha \\ &= \frac{P}{\cos\beta}\cos\beta - P_r\cos\alpha \\ &= P - P_r\cos\alpha \end{aligned} \tag{3-13}$$

$$
\begin{aligned}
N_y &= P_t \sin\beta + P_r \sin\alpha \\
&= \frac{P}{\cos\beta}\sin\beta + P_r \sin\alpha \\
&= P_g \tan\beta + P_j \tan\beta + P_r \sin\alpha
\end{aligned} \tag{3-14}
$$

根据作用力和反作用力定律，曲轴作用在轴承上的铅垂力为$N'_x = N_x$，由式（3-13）可知，此力由三部分组成：其中的气体压力部分P_g与作用在发动机气缸顶部的气体压力P'_g等值反向，互相平衡，此力只能使气缸受到拉伸或压缩，而不会传到发动机外而引起汽车振动，但往复惯性力P_j和离心惯性力P_r的铅垂分量会传到车架上，引起整车的铅垂振动。

曲轴作用在轴承上的水平力为N'_y，它也由三部分组成：其中的气体压力和往复惯性力部分与活塞对缸壁的压力构成了一反转力偶，其力偶矩即为式（3-11），这种反转力矩将通过发动机支承点传到车架上，使整车产生横向摆动。除此之外，旋转质量的离心惯性力P_r的水平分量会传到车架上，引起整车的水平振动。

二、多缸发动机的激励源

多缸直列发动机可视为由曲轴连接起来的几个单缸发动机。作用在整个缸体上的干扰力应是各单缸体受到的干扰力组成的一组空间力系，如图 3-3 所示。一般情况下，此力系可简化为图 3-4 所示的受力情况。

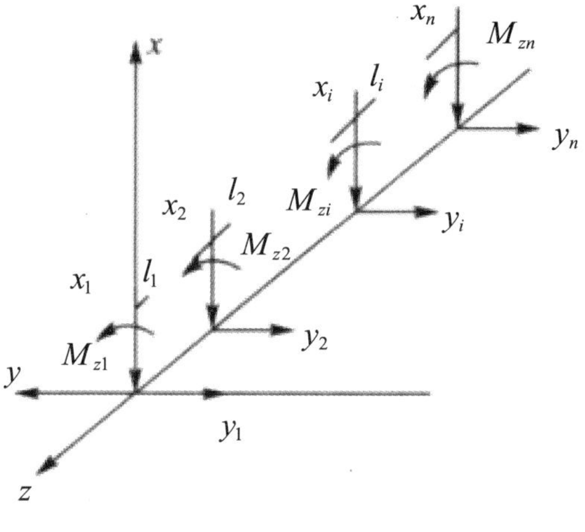

图 3-3　多缸发动机受力情况

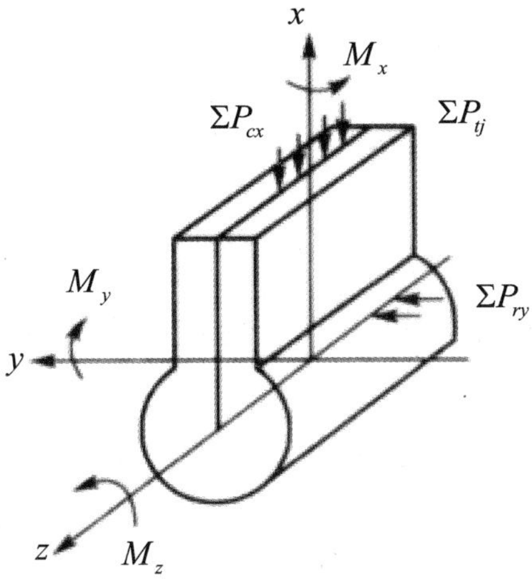

图 3-4　发动机缸体受力情况

设以 φ_i 表示第 i 个曲柄相对于第 1 个曲柄的夹角，并设有 n 个缸，于是由式（3-1）可得回转离心力在垂直方向的合力为

$$\sum P_{rx}=m_1 r\omega^2[\cos(\omega t+\varphi_1)+\cos(\omega t+\varphi_2)+\cdots\cos(\omega t+\varphi_n)]$$

$$=m_1 r\omega^2\sum_{i=1}^{n}\cos(\omega t+\varphi_i)$$

由式（3-6）可得往复惯性力的合力

$$\sum P_j=m_2 r\omega^2\sum_{i=1}^{n}\cos(\omega t+\varphi_i)+m_2 r\omega^2\lambda\sum_{i=1}^{n}\cos 2(\omega t+\varphi_i)$$

于是，总铅垂干扰力为

$$P_x=\sum P_{rx}+\sum P_j$$

$$=(m_1+m_2)r\omega^2\sum_{i=1}^{n}\cos(\omega t+\varphi_i)+m_2 r\omega^2\lambda\sum_{i=1}^{n}\cos 2(\omega t+\varphi_i) \tag{3-15}$$

水平干扰力仅与旋转质量的离心惯性力 P_r 的水平分量有关

$$\sum P_{ry}=m_1 r\omega^2\sum_{i=1}^{n}\sin(\omega t+\varphi_i) \tag{3-16}$$

绕水平 y 轴转动的干扰力矩 M_y 等于各缸铅垂干扰力对 y 轴的力矩，即

$$M_y = m_1 r\omega^2\sum_{i=1}^{n} l_i \cos(\omega t + \varphi_i) - m_2 r\omega^2\sum_{i=1}^{n} l_i \cos(\omega t + \varphi_i) - m_2 r\omega^2\lambda\sum_{i=1}^{n} l_i \cos 2(\omega t + \varphi_i)$$
$$= (m_1 - m_2) r\omega^2\sum_{i=1}^{n} l_i \cos(\omega t + \varphi_i) - m_2 r\omega^2\lambda\sum_{i=1}^{n} l_i \cos 2(\omega t + \varphi_i) \tag{3-17}$$

式中，l_i为第i个曲柄到简化中心的距离。

绕铅垂轴的干扰力矩等于各缸水平干扰力对x轴之矩，它仅与旋转惯性力有关，即

$$M_x = m_1 r\omega^2\sum_{i=1}^{n} l_i \sin(\omega t + \varphi_i) \tag{3-18}$$

绕曲轴轴线的扭转干扰力矩是与惯性力及气体压力有关的周期函数，由式（3-11）可得

$$M_z = \sum_{i=1}^{n} M_{反} = \sum_{i=1}^{n} P\frac{\sin(\alpha_j + \beta_i)}{\cos\beta_i} r \tag{3-19}$$

式（3-19）可用傅里叶级数展开，以进行简谐分析。

由式（3-15）和式（3-19）可以看出，作用在直列多缸发动机上的干扰力和干扰力矩都是曲轴转角的周期函数，它们将引起发动机和车架的振动。为了减小这种有害的振动，除合理布置曲柄间的相互位置、采取有效的平衡方法和点火顺序来消除或减少干扰外，人们还应采取隔振措施来减少发动机传给车架的干扰力。

V 型发动机可看作由两排单列发动机组成的发动机系统。由于两排之间差了一个气缸夹角（又称 V 角），因此人们在计算整台发动机的干扰力和力矩时，需考虑 V 型机的合成系数。如果 V 型机的气缸夹角选择得当就有可能自动平衡掉一些激励简谐分力，从而使整台发动机的振动性能有所提高。

第二节　发动机振动隔振技术

一、隔振原理

机器设备的剧烈振动不但会引起机器本身结构部件的损坏和寿命的缩短，而且还会影响周围的精密仪器设备，降低其灵敏度和精确度，使其不能正常工作。除此之外，振动和由振动产生的噪声会危害人的身体健康，降低人的工作

效率。因此，有效地隔离振动是振动控制中一个相当重要的问题。

隔振分为两种，即主动隔振和被动隔振。

1. 主动隔振

振源是机器本身，使它与地基隔离以减少对周围影响的隔振，称为主动隔振。例如，为了减小机器运转时产生的、传给支座的不平衡力，常在机器和支座之间装上弹簧和阻尼器（如弹簧、橡胶垫、毛毡等），如图 3-5 所示。

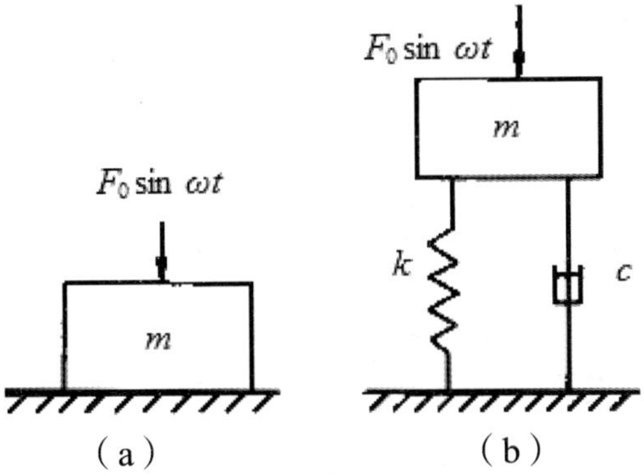

图 3-5　主动隔振

设机器的铅垂不平衡$F(t)=F_0\sin\omega t$。当振源未隔离前如图 3-5（a）所示，它传到地基上的力就是原来的激振力$F_0\sin\omega t$；隔振后如图 3-5（b）所示，经隔振装置传递到地基上的力有两部分。

经弹簧传给地基的力

$$F_s=kx=kX\sin(\omega t-j)$$

经阻尼器传给地基的力

$$F_d=c\dot{x}=cwX\cos(\omega t-j)$$

F_s和F_d是相同频率、相位差为π / 2的简谐作用力。因此，传给地基的力的最大值F_T为

$$F_T=\sqrt{(kX)^2+(c\omega X)^2}=kX\sqrt{1+(2\zeta\lambda)^2}$$

由于在$F_0\sin\omega t$作用下，系统稳态响应的振幅为

$$X=\frac{F}{k\sqrt{(1-\lambda^2)^2+(2\zeta\lambda)^2}}$$

则

$$F_T = \frac{F\sqrt{1 + (2\zeta\lambda)^2}}{\sqrt{(1 - \lambda^2)^2 + (2\zeta\lambda)^2}} \tag{3-20}$$

实际传递的力幅F_T与不平衡力幅F_0的比值被称为力传递率（或隔振系数），以T_F来表示

$$T_F = \frac{F_T}{F_0} = \frac{\sqrt{1 + (2\zeta\lambda)^2}}{\sqrt{(1 - \lambda^2)^2 + (2\zeta\lambda)^2}} \tag{3-21}$$

T_F就是评价主动隔振效果的指标。

2. 被动隔振

若振源来自支座（或基础）运动，为了减少支座位移对机器、仪表等产生的振动，也要对其采用一定的隔振措施，这种隔振措施被称为被动隔振。图 3-6 是被动隔振的模型，该模型与基础运动的模型相同。因此，隔振后系统稳态响应的振幅为

$$X = Y\sqrt{\frac{1 + (2\zeta\lambda)^2}{(1 - \lambda^2)^2 + (2\zeta\lambda)^2}}$$

评价被动隔振效果的指标为位移传递率

$$T_D = \frac{X}{Y} = \sqrt{\frac{1 + (2\zeta\lambda)^2}{(1 - \lambda^2)^2 + (2\zeta\lambda)^2}} \tag{3-22}$$

式（3-22）的位移传递系数T_D与式（3-21）的力传递系数T_F的表达式完全相同，因此，它们在设计主动隔振装置或被动隔振装置时所遵循的准则是相同的，即令$T_F = T_D = T_R$，T_R叫作传递率。传递率T_R随ζ和λ的变化曲线如图 3-7 所示，支承谐波激励的幅频响应相同。由图可见，当$\lambda = 0$和$\lambda = \sqrt{2}$时，与阻尼无关，即传递的力或位移与施加给系统的力或位移相等。在$0<\lambda<\sqrt{2}$的频段内，传递的力或位移都比施加的力或位移大。而当$\lambda>\sqrt{2}$以后，所有的曲线都表明，传递率T_R随激励频率的增大而减小。因此，可以得到以下两点结论。

①不论阻尼比为多少，只有在$\lambda>\sqrt{2}$时才有隔振效果。

②对于某个给定的、小于$\sqrt{2}$的λ的值，当阻尼比减小时，传递率也会减小。

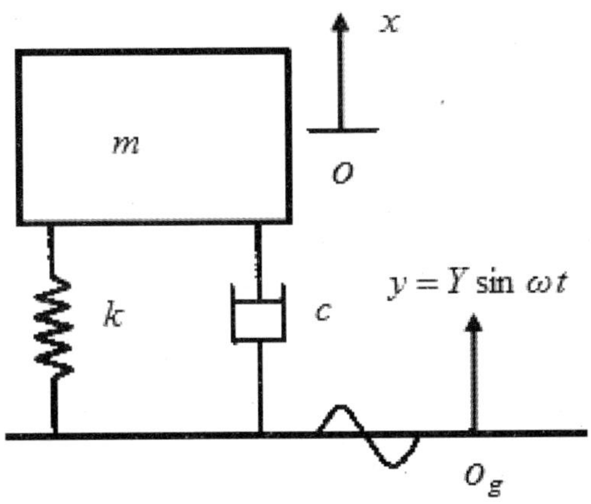

图 3-6　被动隔振

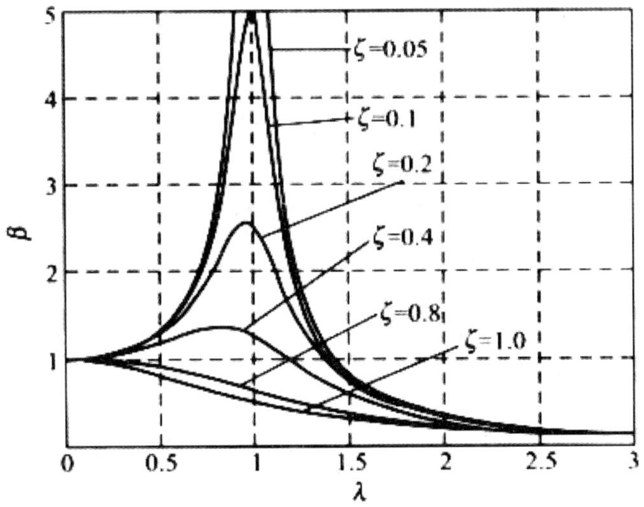

图 3-7　幅频曲线

因此，单纯从隔振观点来看，阻尼增加会降低隔振效果。为了隔振，最好的办法似乎是用一个无阻尼的弹簧，使频率比$\lambda>\sqrt{2}$。但在生产工作中，人们常会遇到一些不规则的外界冲击和扰动，为避免弹性支承的物体产生大幅度的自由振动，常需要一些阻尼以抑制其振幅，且使自由振动很快消失，特别是当隔振对象在起动及停机过程中需通过共振区时阻尼的作用就更为重要。

当$\lambda>\sqrt{2}$时，随着频率比的不断增大，T_R值越来越小，即隔振效果越来越好。但λ也不宜过大，因为λ值大就意味着隔振器要设计得很柔软，静挠度要很大，相应的体积要很大，并且装置的稳定性也差，容易摇晃。除此之外，当$\lambda>5$后T_R值的变化并不明显。因此，一般实际采用的频率比λ范围为 2.5~4.5，相应的隔振效率为 80%~90%。

二、发动机悬置系统动力学模型及优化设计

1. 发动机悬置系统的物理模型

为了减少发动机不平衡干扰力对车架的影响，汽车发动机都是用弹性支承安装在车架上的，一般有三点支承和四点支承。对于大型发动机，为了减小动力总成的纵向弯曲变形，有时还会采用中间辅助支承。

发动机悬置系统可简化为如图 3-8 所示的力学模型。从隔振的角度来看，汽车发动机总成及其悬置部件所组成的弹性系统固有频率通常为 6~30 Hz，在此频率范围内发动机的振动只存在刚体模态，因此可以把发动机总成简化为一空间刚体，其位置可用质心的三个直角坐标 x、y、z，还有绕过质心平行于定坐标轴的三个坐标轴转角 θ_x、θ_y、θ_z 来表示，因而发动机总成具有 6 个自由度，其广义坐标列矢量为

$$\boldsymbol{Q}=\left[x\ \ y\ \ z\ \ \theta_x\ \ \theta_y\ \ \theta_z\right]^{\mathrm{T}} \tag{3-23}$$

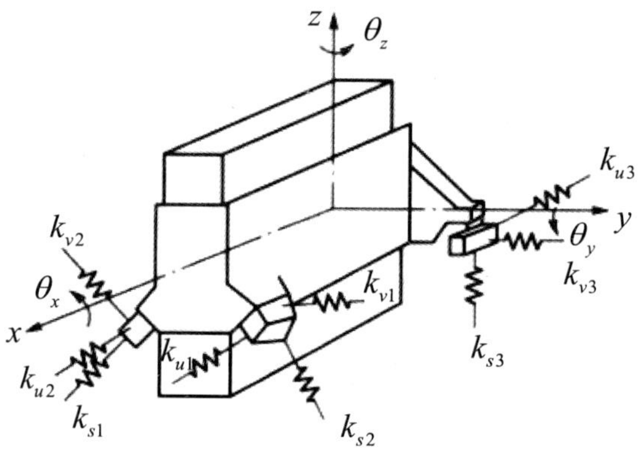

图 3-8 发动机悬置系统

在研究发动机振动时，定坐标系的原点选在平衡位置时的重心上，x 轴平行于曲轴轴向指向汽车前方，y 轴垂直于各气缸中心线所在平面指向发动机右侧，z 轴铅垂向上，如图 3-8 所示。

汽车发动机的弹性支承一般有液力支承和橡胶支承。橡胶支承因成本低、可靠性好而被广泛应用。橡胶垫如图 3-9 所示，安装时它的一端固定在发动机上，而另一端固定在车架上。橡胶垫在空间正交的三维方向上都有弹性，但由于发动机的各支点位置相距较近，故常略去支承垫的扭转弹性，而把橡胶垫简化为沿空间三个轴 u、v、s 都有弹性的弹簧，此三轴称为橡胶垫的弹性主轴。沿弹性主轴方向的刚度称为主刚度，分别为 k_u、k_v、k_s。当振幅较小，阻尼可略去时，把橡胶垫假设为一种无阻尼的线性弹性元件。

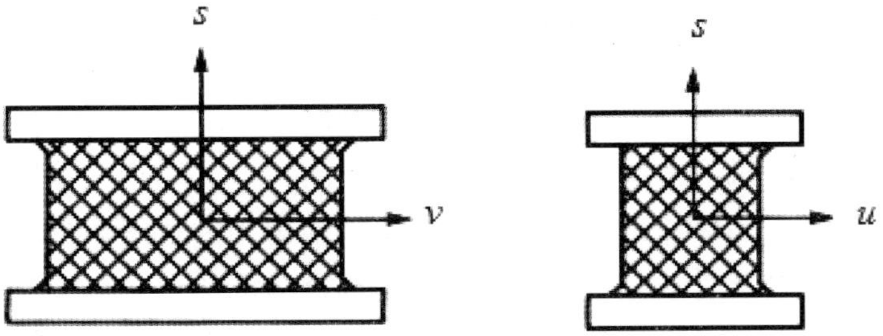

图 3-9　橡胶垫

2. 发动机悬置系统的质量矩阵和刚度矩阵

由刚体动力学可知，发动机总成作刚体运动时的动能为

$$T=\frac{1}{2}(m\dot{x}^2+m\dot{y}^2+m\dot{z}^2+J_x\dot{\theta}_x^2+J_y\dot{\theta}_y^2+J_z\dot{\theta}_z^2)-J_{xy}\dot{\theta}_x\dot{\theta}_y-J_{yz}\dot{\theta}_y\dot{\theta}_z-J_{xz}\dot{\theta}_x\dot{\theta}_z$$

写成矩阵形式为

$$T=\frac{1}{2}\dot{\boldsymbol{Q}}^{\mathrm{T}}\boldsymbol{M}\dot{\boldsymbol{Q}} \tag{3-24}$$

式中，$\dot{\boldsymbol{Q}}=\left[\dot{x}\ \dot{y}\ \dot{z}\ \dot{\theta}_x\ \dot{\theta}_y\ \dot{\theta}_z\right]^{\mathrm{T}}$为广义速度列矢量；$\boldsymbol{M}$为质量矩阵，是一个对称矩阵。

$$\boldsymbol{M}=\begin{bmatrix} m & 0 & 0 & 0 & 0 & 0 \\ 0 & m & 0 & 0 & 0 & 0 \\ 0 & 0 & m & 0 & 0 & 0 \\ 0 & 0 & 0 & J_x & -J_{xy} & -J_{zx} \\ 0 & 0 & 0 & -J_{xy} & J_y & -J_{yz} \\ 0 & 0 & 0 & -J_{zx} & -J_{yz} & J_z \end{bmatrix} \tag{3-25}$$

式中，m为发动机总成质量；J_x、J_y、J_z分别为发动机总成绕x、y、z轴的转动惯量；J_{xy}、J_{xz}、J_{yz}分别为发动机总成对应于其下标所指的平面的惯性积。

如果x、y、z轴是发动机总成的惯性主轴，则$J_{xy}=J_{xz}=J_{yz}=0$，此时发动机总成的动能可用下式表示。

$$T=\frac{1}{2}(m\dot{x}^2+m\dot{y}^2+m\dot{z}^2+J_x\dot{\theta}_x^2+J_y\dot{\theta}_y^2+J_z\dot{\theta}_z^2)$$

其相应的质量矩阵是对角矩阵，即式（3-25）中$\boldsymbol{M}$的非对角元素都为零。

可见在惯性主轴坐标系中，系统沿 6 个自由度的振动是惯性解耦的；但在一般情况下，很难使得发动机质量分布的惯性主轴正好与图 3-8 定义的

x、y、z 轴重合。

假设发动机悬置系统有n个支承元件，各支承元件的动力特性各不相同，它们的布置位置可以是任意的，其坐标分别为（x_i、y_i、z_i）。每个弹性元件的安装角度也是任意的，可由三个欧拉角θ_{ui}、θ_{vi}、θ_{si}完全确定。

设静平衡原点为势能零点，不计发动机总成重力的势能变化，则发动机悬置系统的势能指的是支承元件由于弹性变形而产生的势能，对于支承元件弹性主轴坐标系 u、v、s 来说，系统的势能可表示为

$$U = \frac{1}{2}\sum_{i=1}^{n}(k_{ui}\Delta u_i^2 + k_{vi}\Delta v_i^2 + k_{si}\Delta s_i^2)$$

式中，n为支承个数；k_{ui}、k_{vi}、k_{si}分别为第i个支承沿u、v、s轴的主刚度；Δu_i、Δv_i、Δs_i分别为第i个支承沿u、v、s轴的变形。将上式用矩阵表示

$$U = \frac{1}{2}\sum_{i=1}^{n}\{\Delta u_i \quad \Delta v_i \quad \Delta s_i\}\begin{bmatrix} k_{ui} & 0 & 0 \\ 0 & k_{vi} & 0 \\ 0 & 0 & k_{si} \end{bmatrix}\begin{Bmatrix} \Delta u_i \\ \Delta v_i \\ \Delta s_i \end{Bmatrix} = \frac{1}{2}\sum_{i=1}^{n}\Delta \boldsymbol{W}_i^{\mathrm{T}}\boldsymbol{D}_i\Delta \boldsymbol{W}_i \tag{3-26}$$

其中，$\Delta \boldsymbol{W}_i$和$\boldsymbol{D}_i$分别如下：

$$\Delta \boldsymbol{W}_i = \begin{Bmatrix} \Delta u_i \\ \Delta v_i \\ \Delta s_i \end{Bmatrix}$$

$$\boldsymbol{D}_i = \begin{bmatrix} k_{ui} & 0 & 0 \\ 0 & k_{vi} & 0 \\ 0 & 0 & k_{si} \end{bmatrix}$$

设第 i 个支承的弹性主轴 u_i、v_i、s_i 和系统总体坐标系 x、y、z 之间的坐标变换关系为

$$\Delta \boldsymbol{W}_i = \boldsymbol{C}_i\Delta \boldsymbol{X}_i \tag{3-27}$$

式中，$\Delta \boldsymbol{X}_i = \{\Delta x_i \quad \Delta y_i \quad \Delta z_i\}^{\mathrm{T}}$为第 i 个支承分别沿 x、y、z 方向的微变形量；$\boldsymbol{C}_i$为 u、v、s 弹性主轴坐标系与 x、y、z 坐标系之间的坐标变换矩阵，可写为

$$\boldsymbol{C}_i = \boldsymbol{C}_{si}\boldsymbol{C}_{ui}\boldsymbol{C}_{vi} \tag{3-28}$$

其中，$\boldsymbol{C}_{ui}$、$\boldsymbol{C}_{vi}$和$\boldsymbol{C}_{si}$分别按以下式子计算。

$$\boldsymbol{C}_{ui}=\begin{bmatrix}1 & 0 & 0\\ 0 & \cos\theta_{ui} & \sin\theta_{ui}\\ 0 & -\sin\theta_{ui} & \cos\theta_{ui}\end{bmatrix}$$

$$\boldsymbol{C}_{vi}=\begin{bmatrix}\cos\theta_{vi} & 0 & -\sin\theta_{vi}\\ 0 & 1 & 0\\ \sin\theta_{vi} & 0 & \cos\theta_{vi}\end{bmatrix}$$

$$\boldsymbol{C}_{si}=\begin{bmatrix}\cos\theta_{si} & \sin\theta_{si} & 0\\ -\sin\theta_{si} & \cos\theta_{si} & 0\\ 0 & 0 & 1\end{bmatrix}$$

上式的三个欧拉角θ_{ui}、θ_{vi}、θ_{si}按如下方法确定。

橡胶垫的弹性主轴为u、v、s轴。将u、v、s坐标系绕v轴旋转适当角度使u轴落到x-y平面，此时所转角度为θ_v，以右手法则确定其正负；再绕已在x-y平面的u轴旋转，使v轴也到x-y平面，此时所转角度即为θ_u；此时已有u-v平面与x-y平面共面，z轴也已与s轴重合，但u轴与x轴还不重合，因此绕s轴旋转使u轴与x轴重合，所得旋转角为θ_s。

将式（3-27）代入式（3-26）得

$$U=\frac{1}{2}\sum_{i=1}^{n}\Delta\boldsymbol{X}_i^{\mathrm{T}}\boldsymbol{C}_i^{\mathrm{T}}\boldsymbol{D}_i\boldsymbol{C}_i\Delta\boldsymbol{X}_i \qquad (3\text{-}29)$$

假设小位移的情况下，按照运动关系，系统中任一点在直角坐标系中的位移和广义坐标中变形之间有如下关系。

$$\Delta\boldsymbol{X}_i=\boldsymbol{T}_i\boldsymbol{Q} \qquad (3\text{-}30)$$

其中，$\boldsymbol{T}_i$可通过下式计算。

$$\boldsymbol{T}_i=\begin{bmatrix}1 & 0 & 0 & 0 & z_i & -y_i\\ 0 & 1 & 0 & -z_i & 0 & x_i\\ 0 & 0 & 1 & y_i & -x_i & 0\end{bmatrix} \qquad (3\text{-}31)$$

式中，x_i、y_i、z_i为第i个支承在总体坐标系的坐标。

将式（3-30）代入式（3-29）得

$$U=\frac{1}{2}\sum_{i=1}^{n}\boldsymbol{Q}^{\mathrm{T}}\boldsymbol{T}_i^{\mathrm{T}}\boldsymbol{C}_i^{\mathrm{T}}\boldsymbol{D}_i\boldsymbol{C}_i\boldsymbol{T}_i\boldsymbol{Q}=\frac{1}{2}\boldsymbol{Q}^{\mathrm{T}}\sum_{i=1}^{n}(\boldsymbol{T}_i^{\mathrm{T}}\boldsymbol{C}_i^{\mathrm{T}}\boldsymbol{D}_i\boldsymbol{C}_i\boldsymbol{T}_i)\boldsymbol{Q}=\frac{1}{2}\boldsymbol{Q}^{\mathrm{T}}\boldsymbol{K}\boldsymbol{Q}$$

由上式得系统在广义坐标系中的刚度矩阵

$$\boldsymbol{K} = \sum_{i=1}^{n} \boldsymbol{T}_i^{\mathrm{T}} \boldsymbol{C}_i^{\mathrm{T}} \boldsymbol{D}_i \boldsymbol{C}_i \boldsymbol{T}_i \tag{3-32}$$

3. 发动机悬置系统的固有频率和振型

系统的无阻尼自由振动微分方程为

$$\boldsymbol{M}\ddot{\boldsymbol{Q}} + \boldsymbol{K}\boldsymbol{Q} = 0 \tag{3-33}$$

式中，$\boldsymbol{M}$为对称正定质量矩阵，由式（3-25）确定；$\boldsymbol{K}$为对称半正定刚度矩阵，由式（3-32）确定；$\boldsymbol{Q}$为式（3-23）定义的广义坐标列向量；$\ddot{\boldsymbol{Q}}$为$\boldsymbol{Q}$对时间的二阶导数，即广义加速度列向量。式（3-33）是典型无阻尼的多自由度振动系统方程，可遵循前文所述方法求解特征值。

设方程的解为

$$\boldsymbol{Q} = \boldsymbol{X}\sin(\omega t + \varphi)$$

代入式（3-33）得

$$\boldsymbol{K}\boldsymbol{X} = \omega^2 \boldsymbol{M}\boldsymbol{X}$$

两侧乘$\boldsymbol{M}^{-1}$得

$$\boldsymbol{M}^{-1}\boldsymbol{K}\boldsymbol{X} = \omega^2 \boldsymbol{X}$$

令$\boldsymbol{M}^{-1}\boldsymbol{K} = \boldsymbol{A}$得

$$\boldsymbol{A}\boldsymbol{X} = \omega^2 \boldsymbol{X} \tag{3-34}$$

ω^2即为$\boldsymbol{A}$阵的特征值，$\boldsymbol{X}$为其特征向量。

由于，$\boldsymbol{M}$为对称正定，且$\boldsymbol{K}$也是对称阵，因而式（3-34）为实对称广义特征值问题，人们可以应用现成的软件求得它的特征值（固有频率）ω_i和特征矢量（固有模态）φ_i（$i = 1, 2, \cdots, 6$）。

对发动机悬置系统进行自由振动计算，可以获得振动系统的固有特性，它不仅提供了系统是否会发生共振的信息，并且也为进一步分析系统的响应打下必要的基础。

根据多自由度系统振动理论我们知道，当系统的激振力频率与某一固有频率相等时就会产生共振现象。因此，人们应合理选择支承垫的刚性，使固有频率不在经常使用的转速范围内。

4. 动能沿广义坐标的分布及能量分布矩阵

一般情况下，由于耦合的原因，发动机动力总成受迫振动时，系统将产生沿多个广义坐标的振动，即有沿 x、y、z 三轴的位移，又有绕三轴的转动，这时激振力（矩）所做的功转化为系统沿多个广义坐标的动能和势能，由于此时系统沿某一广义坐标振动的动能和势能之和为一常数，因此只需取最大动能来讨论。

当系统以第 j 阶模态振动时，它表现出主振动，不失一般性，可设有

$$\boldsymbol{Q} = \phi_j \sin(\omega_j t + \varphi_j)\ ,\ \dot{\boldsymbol{Q}} = \omega_j \phi_j \cos(\omega_j t + \varphi_j) \quad (j = 1,2,\cdots,6)$$

它的第 j 阶模态振动的最大总动能可写为

$$E_{tol}^{j} = \frac{1}{2}\dot{\boldsymbol{Q}}_{\max}^{\mathrm{T}} \boldsymbol{M} \dot{\boldsymbol{Q}}_{\max} = \frac{1}{2}\omega_j^2 \phi_j^{\mathrm{T}} \boldsymbol{M} \phi_j = \frac{1}{2}\omega_j^2 \sum_{k=1}^{6}\sum_{l=1}^{6}(M_{kl}\phi_{kj}\phi_{lj}) = \sum_{k=1}^{6} E_k^j \qquad \text{(a)}$$

式中，ω_j 为第 $\boldsymbol{j}$ 阶固有频率；ϕ_{kj}，ϕ_{lj} 分别为第 j 阶主振型 ϕ_j 的第 k 个元素和第 l 个元素；M_{kl} 为系统 $\boldsymbol{M}$ 质量矩阵的第 k 行、第 l 列元素。

由式（a）知 E_k^j 应为

$$E_k^j = \frac{1}{2}\omega_j^2 \sum_{l=1}^{6}(M_{kl}\phi_{kj}\phi_{lj}) \qquad \text{(b)}$$

我们注意到式（b）的各 $E_k^j(k = 1,2,\cdots,6)$ 已有动能的量纲，而式（a）的最右边的等式说明第 j 阶主振动的总动能 E_{tol}^j 为 6 个分量动能 E_k^j 的叠加。由各 E_k^j 的对应位置人们可知 E_k^j 即为第 j 阶主振动下分配于第 k 个广义坐标上的部分动能。总动能为全部分量动能之和。在第 j 阶主振动下，总动能是一有限值，当某个广义坐标上分配的动能多时，其他广义坐标上分配的动能必然要少。

因此，当系统以第 j 阶模态振动时，第 k 个广义坐标所分配的动能占系统总动能的比例可定义为

$$\gamma_k^j = \frac{E_k^j}{E_{tol}^j} \times 100\% \ (k,\ j = 1,2,\cdots,6) \qquad (3\text{-}35)$$

将 E_k^j 和 E_{tol}^j 的表达式代入 γ_k^j 后化简得

$$\gamma_k^j = \frac{\sum_{l=1}^{6}(M_{kl}\phi_{kj}\phi_{lj})}{\sum_{k=1}^{6}\sum_{l=1}^{6}(M_{kl}\phi_{kj}\phi_{lj})} \times 100\% \quad (k,\ j = 1,2,\cdots,6)$$

式（3-35）的 γ_k^j 明确了第 k 个广义坐标在第 j 阶模态下的振动对总动能的贡献比例，即第 j 阶最大振动动能沿第 k 个广义坐标轴上分配的百分比。如以某一模态振动时，某一广义坐标所占据动能百分比最大，则该振动是主要沿该广义坐标的振动。一广义坐标上所占比例增高，其他广义坐标上所占比例必然

要降低，故人们可根据沿广义坐标所分配的动能百分比来判断坐标间耦合的程度。只有当沿某一广义坐标的最大振动动能百分比 γ_k^j 达到 100% 时，系统在该频率下才是完全解耦的。

由式（3-35）可定义能量分布矩阵

$$\boldsymbol{\gamma}=\left[\gamma_k^j\right]=\left[\gamma_{kj}\right] \quad (k,\ j=1,2,\cdots,6) \tag{3-36}$$

$\boldsymbol{\gamma}$ 阵的第 j 列第 k 行元素代表第 j 阶模态振动总动能在第 k 个广义坐标上分配的比例。

5. 发动机悬置系统的谐波响应

设发动机悬置系统使用橡胶隔振装置，则有橡胶材料特征的有阻尼强迫振动微分方程可写为

$$\boldsymbol{M}\ddot{\boldsymbol{Q}}+\boldsymbol{K}(1+j\eta)\ \boldsymbol{Q}=\boldsymbol{F}\sin\omega t \tag{3-37}$$

式中，$\boldsymbol{M}$ 为质量矩阵；$\boldsymbol{K}$ 为刚度矩阵；$\boldsymbol{Q}$ 为广义位移列向量；$j=\sqrt{-1}$ 为虚数单位；η 为损耗因子；$\boldsymbol{F}$ 为激振力幅值列向量；ω 为谐波激振频率。

这里 $\boldsymbol{K}(1+j\eta)$ 被称为复刚度，是描述橡胶材料的黏弹性的刚度阻尼特性的一种方式。

用复指数法求解式（3-37）后可将其写成

$$\boldsymbol{M}\ddot{\boldsymbol{Q}}+\boldsymbol{K}(1+j\eta)\ \boldsymbol{Q}=\boldsymbol{F}\mathrm{e}^{j\omega t} \tag{3-38}$$

设解为 $\boldsymbol{Q}=\boldsymbol{B}\mathrm{e}^{j\omega t}$，代入式（3-38），得

$$(-\omega^2\boldsymbol{M}+\boldsymbol{K}+j\boldsymbol{K}\eta)\ \boldsymbol{B}\mathrm{e}^{j\omega t}=\boldsymbol{F}^{j\omega t}$$

从而有
$$\boldsymbol{B}=(\boldsymbol{K}+j\boldsymbol{K}\eta-\omega^2\boldsymbol{M})^{-1}\boldsymbol{F}$$

$\boldsymbol{B}e^{j\omega t}$ 的虚部就是式（3-19）的解。

从而有
$$\boldsymbol{B}=(\boldsymbol{K}+j\boldsymbol{K}\eta-\omega^2\boldsymbol{M})^{-1}\boldsymbol{F}$$

设
$$(\boldsymbol{K}+j\boldsymbol{K}\eta-\omega^2\boldsymbol{M})^{-1}=\boldsymbol{Z}+j\boldsymbol{Y}$$

则
$$(\boldsymbol{K}+j\boldsymbol{K}\eta-\omega^2\boldsymbol{M})\ (\boldsymbol{Z}+j\boldsymbol{Y})=\boldsymbol{I}$$

有
$$\begin{cases}(\boldsymbol{K}-\omega^2\boldsymbol{M})\ \boldsymbol{Z}-\eta\boldsymbol{K}\boldsymbol{Y}=\boldsymbol{I}\\ \eta\boldsymbol{K}\boldsymbol{Z}+(\boldsymbol{K}-\omega^2\boldsymbol{M})\ \boldsymbol{Y}=0\end{cases}$$

即
$$\begin{bmatrix}\boldsymbol{K}-\omega^2\boldsymbol{M} & -\eta\boldsymbol{K}\\ \eta\boldsymbol{K} & \boldsymbol{K}-\omega^2\boldsymbol{M}\end{bmatrix}\begin{bmatrix}\boldsymbol{Z}\\ \boldsymbol{Y}\end{bmatrix}=\begin{bmatrix}\boldsymbol{I}\\ 0\end{bmatrix}$$

此时有
$$\begin{bmatrix} \boldsymbol{Z} \\ \boldsymbol{Y} \end{bmatrix} = \begin{bmatrix} \boldsymbol{K}-\omega^2\boldsymbol{M} & -\eta\boldsymbol{K} \\ \eta\boldsymbol{K} & \boldsymbol{K}-\omega^2\boldsymbol{M} \end{bmatrix}^{-1} \begin{bmatrix} \boldsymbol{I} \\ 0 \end{bmatrix} \tag{3-39}$$

由式（3-39）求得式（3-37）的解为
$$\boldsymbol{Q} = (\boldsymbol{Z}\sin\omega t + \boldsymbol{Y}\cos\omega t)\boldsymbol{F} \tag{3-40}$$

设在弹性主轴坐标系 uvs 中，第 i 个支承在每个坐标轴上的位移是 Δu_i、Δv_i、Δs_i，由支承弹性主轴刚度矩阵$\boldsymbol{D}_i$及$\Delta\boldsymbol{W}_i$可得该支承的响应力 Q_i 为
$$Q_i = \boldsymbol{D}_i\Delta\boldsymbol{W}_i$$

设在 xyz 坐标系中，第 i 个支承在空间三维方向上的响应力为P_i，P_i的三个分量分别表示第 i 个支承在 x、y、z 方向上的响应力，即$P_i = \{P_{xi} \quad P_{yi} \quad P_{zi}\}^{\mathrm{T}}$。

由 uvs 弹性主轴坐标系与 xyz 坐标系之间的坐标变换矩阵$\boldsymbol{C}_i$定义式（3-28）及式（3-27），则有
$$\boldsymbol{C}_i P_i = Q_i$$

从而有
$$P_i = \boldsymbol{C}_i^{-1}\boldsymbol{D}_i\Delta\boldsymbol{W}_i = \boldsymbol{C}_i^{-1}\boldsymbol{D}_i\boldsymbol{C}_i\Delta\boldsymbol{X}_i$$

由式（3-30）得
$$P_i = \boldsymbol{C}_i^{-1}\boldsymbol{D}_i\boldsymbol{C}_i\boldsymbol{T}_i\boldsymbol{Q}$$

$\boldsymbol{C}_i$是正交阵，即有
$$\boldsymbol{C}_i^{-1} = \boldsymbol{C}_i^{\mathrm{T}}$$

故
$$P_i = \boldsymbol{C}_i^{\mathrm{T}}\boldsymbol{D}_i\boldsymbol{C}_i\boldsymbol{T}_i\boldsymbol{Q} \tag{3-41}$$

式中，$\boldsymbol{D}_i$、$\boldsymbol{C}_i$、$\boldsymbol{T}_i$ 分别由式（3-26）、式（3-28）及式（3-31）确定，响应$\boldsymbol{Q}$由式（3-40）确定，故它们都已知，因此可求出响应力 P_i 在三维空间 x、y、z 方向的幅值 P_{xi}、P_{yi}、P_{zi}。绕 x、y、z 轴的响应力矩分别为
$$\begin{aligned} \boldsymbol{M}_x &= \sum_{i=1}^{n}(y_i P_{zi} - z_i P_{yi}) \\ \boldsymbol{M}_y &= \sum_{i=1}^{n}(z_i P_{xi} - x_i P_{zi}) \\ \boldsymbol{M}_z &= \sum_{i=1}^{n}(x_i P_{yi} - y_i P_{xi}) \end{aligned} \tag{3-42}$$

式中，x_i、y_i、z_i 分别为第 i 个支承在总体坐标系的坐标。

6. 发动机悬置系统的优化设计

设计发动机悬置的目的是控制发动机激振力向车身及车厢内部的传递，使悬置起到隔离振动的作用。其基本任务是在各种约束条件下解决发动机的 6 个刚体振动模态的运动耦合和频率配置问题。

如果系统的固有振动模态存在运动耦合，在某一自由度方向上振动会激起其他自由度方向的振动，对系统的隔振控制不利，尤其在发动机怠速工况下，发动机倾覆力矩主谐波分量的频率与发动机的刚体振动模态频率较为接近，模态耦合会使隔振性能恶化。因此，发动机动力总成隔振悬置的布置设计方案必须实现动力总成刚体振动模态解耦的目标。

合理安排发动机悬置系统振动模态频率可以改善整车各子系统振动能量的分配。因此，技术人员要从车身整车振动特性出发对动力总成悬置系统的隔振特性提出要求，将发动机绕其曲轴方向转动的振动模态频率控制在发动机怠速工况转矩激励的最低阶主谐量频率的 0.71 倍以下，发动机垂直振动模态频率应避开前桥的垂直振动及车架的第 1 阶扭转、第 1 阶弯曲等频率，一般约为 10Hz。为了保证悬置的使用寿命，系统的最低模态频率应比其最低值大 5Hz。

发动机或动力总成悬置系统的优化设计通常以悬置的安装位置、倾斜角度和三向主刚度作为设计变量，可以从不同角度提出目标函数和约束条件，建立不同的数学模型。例如，以系统侧倾振动与其他方向的振动之间的模态解耦为目标；以动力总成悬置系统的固有振动频率配置为目标，同时使各个方向的振动之间尽量解耦；以悬置元件和悬置系统的力传递率最小化为目标；以车内评价点的振动响应最小化为目标；建立动力总成悬置系统振动模态解耦的能量目标等。如果采用液阻悬置等复杂悬置元件，也可将悬置的结构参数作为设计变量，通过调节悬置元件的特性达到动力总成悬置系统的设计目标。

优化设计的约束条件如下：

（1）悬置安装位置

由于受到布置空间的限制，悬置安装位置的选择范围往往有限，只能在实际允许的变动范围内进行优化。

（2）悬置元件性能要求

动力总成悬置元件在周期性波动的应力作用下会在橡胶内部产生热积累，橡胶的温度升高将使其模量降低，导致悬置隔振性能改变；过高的温升还使橡胶装置易于老化，缩短了装置使用寿命。静载荷有利于改善橡胶件的疲劳寿命。

（3）极限工况位移限制

在发动机起动、汽车制动和转向等工况下，为避免动力总成产生过大位移而与其他部件发生干涉，通常需从设计上限制动力总成在各个方向的最大位移量。

综上所述，汽车发动机悬置系统参数选择是一个涉及因素很多的复杂问题。作为工程实际应用，将系统简化为六个自由度的刚体模态振动，还是比较切实有效而可行的方法。在对支承参数做进一步调整时，人们需要全面考虑汽车整车所发生的各种振动状态，把发动机悬置参数的决定过程与整车分析联系起来，作为汽车总体振动和噪声控制的一个重要组成部分进行分析考虑。

练习题

题 3.1　若要为一个转速为 1 300~2 000 r/min 的洗衣机提供效率为 80% 的隔振，则其所用无阻尼隔振器的最小静变形应为多少？

题 3.2　一个质量为 20 kg 的仪器安装在工作台上，工作台与实验室地板用螺栓相连接，测试结果显示附近的泵以 2 200 r/min 速度工作时工作台有一个 0.3 mm 的稳态位移，请设计一个无阻尼隔振器安装在仪器与工作台之间使仪器的加速度小于 0.4 m/s。

题 3.3　一转动质量为 200 kg 的发动机在 1 200~2 200 r/min 的转速间运转，转动质量受有一个 2.5 N · m 的不平衡转矩，要使传递到发动机底座的最大力不超过 1 100 N，所需无阻尼隔振器刚度为多少？当隔振器有阻尼，阻尼比为 0.1 时刚度应为多少？当工作转速超过 2500 r/min 时，此设计隔振器能用吗？

题 3.4　发动机悬置系统的性能要求有哪些？如何设计发动机悬置系统才能满足？

第四章　汽车发动机及动力总成噪声

第一节　发动机及动力总成噪声及其控制

一、发动机及动力总成噪声源

发动机及动力总成噪声是汽车的主要噪声源之一。尤其是在怠速、低速行驶和车辆启动加速过程中，发动机及动力总成噪声越发明显。为了降低汽车噪声，首先应控制发动机及动力总成噪声。

通常发动机及动力总成噪声可以分为两大类，空气动力噪声和表面振动结构噪声源如图 4-1 所示。

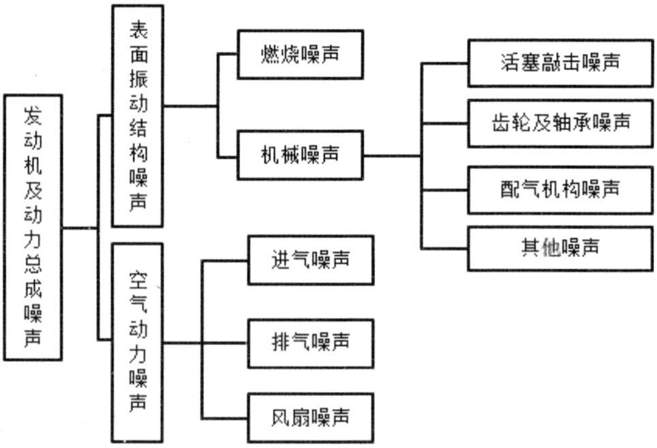

图 4-1　发动机及动力总成噪声源

空气动力噪声直接向空间辐射，引起空气动力噪声的噪声源主要有进、排气噪声和风扇噪声。

发动机燃烧噪声和机械噪声指发动机内部燃烧过程和结构振动所产生的噪

声，是通过发动机外表面及与发动机外表面连接的零件的振动向外辐射的，因此这两类噪声被称为发动机表面振动的结构噪声。

燃烧噪声的发生机理相当复杂，主要是由于气缸内周期性变化的压力作用而产生的，与发动机的燃烧方式及燃烧速度密切相关。

机械噪声是发动机工作时各运动件之间及运动件与固定件之间作用的周期性变化的力所引起的，它与激发力的大小和发动机结构动态特性等因素有关。

燃烧噪声与机械噪声在实际上是很难于严格区分的。机械噪声也是发动机气缸内燃料燃烧间接激发的噪声。为了研究方便，人们把气缸内燃烧所形成的，通过缸盖、活塞、连杆、曲轴、机体等途径向外辐射的噪声叫燃烧噪声，把活塞对缸套的敲击，齿轮、配气机构、喷油系统等运动件之间机械撞击所产生的、振动激发的声辐射称为机械噪声。

二、发动机机械噪声及其控制

1. 活塞敲击噪声

活塞产生敲击的原因在于它们之间存在间隙并且往复运动使活塞所承受的侧向力发生方向突变。图 4-2 说明了气缸中往复运动的活塞受力变化的情况。

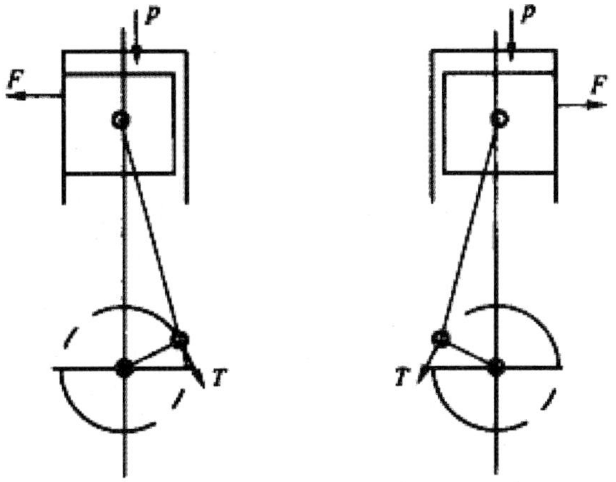

图 4-2　压缩、膨胀过程侧向力变化

当作用在活塞上的气体压力、惯性力和摩擦力发生周期性变化时，活塞在曲轴的旋转平面内将受到一个周期性变化的侧向力作用，此侧向力在上止点及下止点附近必然要改变方向，此时活塞将从一侧向另一侧做横向运动。一般情况下，在上止点附近有一个由右侧向左侧的横向运动，而在下止点附近有一个由左侧向右侧的横向运动。

高速运转时，活塞的这种横向运动是以很高的速度进行的。由于活塞与缸壁之间存在间隙，从而对缸壁造成了强烈撞击，特别是在压缩行程终了和膨胀行程开始时，这种冲击更为严重，而且冷机时最明显。这时的冲击速度与发动机转速的立方根成正比。

活塞敲击而激发的噪声的控制方法如下。

①尽可能减小活塞的缸壁间隙。具体措施：a. 采用裙部带有椭圆锥体的活塞；b. 调节活塞；c. 采用横向隔热槽；d. 活塞销座镶调节钢件；e. 裙部镶钢筒；f. 组合式活塞；g. 改进活塞材料。

②减少活塞环数量。活塞环与缸壁间的摩擦会引起缸壁振动，增加噪声。

③将活塞销中心向主推力方向偏置一个适当的距离，以使活塞在上止点附近由一边移向另一边相接触的时刻，与气缸压力剧增的时刻相错开。

④增加活塞表面的振动阻尼，在活塞裙部表面进行阻尼处理，从而缓冲和吸收活塞敲击的能量。

⑤活塞裙部采用理想的型线，使活塞敲击时与缸壁的碰撞面积增大。

2. 配气机构噪声

发动机低速下的噪声主要表现为气门开闭及挺柱在凸轮鼻部附近产生的配气机构噪声。气门开启的噪声主要是由施加于气门机构上的撞击力造成的，而气门关闭时的噪声则是由于气门落座时的冲击产生的，气门的噪声级和气门运动的速度成正比。

发动机低转速时，气门机构的惯性力不大，可看成多刚体系统，气阀按凸轮到从动件原有的运动规律动作，噪声主要源于气阀开关时刚体的摩擦和碰撞。大的噪声出现在凸轮顶部上推从动杆的时刻，但在气门开启和关闭时刻附近也有较大的噪声。气门开启的噪声是由气门机构上的撞击力造成的，并与气阀机构的固有频率有关，而气门关闭时的噪声则是由于气门落座时的冲击产生的，其噪声成分所处的中心频率比气阀开启噪声的频率要高，这与气阀座－缸盖系统的固有频率有关。气门的噪声级和气门运动的速度成正比。

发动机高速运转时，气门机构的惯性力相当大，从而使整个机构产生振动。气门机构实际上是一个弹性系统，工作时各零件的弹性变形会使传动链末端气门处产生很大不规则运动（气门飞脱和落座反跳），这种不规则运动增加了气门撞击的次数和强度，从而产生了强烈的噪声，严重时还会使发动机的正常工作遭到破坏。气门弹簧的颤振也会导致簧圈之间发生碰击高频噪声。影响配气机构噪声的主要因素是凸轮型线、气门杆间隙等。为降低其噪声，人们应从以下几方面着手。

①提高凸轮加工精度和减小表面粗糙度值。

②采用经优化设计过的凸轮型线，使挺杆在凸轮型线缓冲段范围内的运动速度很小，从而减小气门在始升或落座时的速度，降低因撞击而产生的噪声。

③减小气门间隙可减小因间隙存在而产生的撞击，从而减小噪声。但为保证气门正常工作，一般配气机构还必须保持必要间隙，如采用液压挺杆可从根本上消除气门间隙，从而消除传动中的撞击，并可有效地控制气门落座速度，从而使得配气机构的噪声显著降低。

三、发动机燃烧噪声及其控制

发动机的燃烧噪声是在气缸中产生的。当发动机的燃油向高压空气中喷射，汽油机火花塞点火后，气缸中局部的可燃气体开始燃烧，压力温度急剧上升。随后燃烧由已着火部分向其他区域传播蔓延，缸内温度压力继续升高，与此同时缸内的可燃气体继续进行旋流运动。气缸中的压力波冲击燃烧室壁，使之产生固有频率的振动，气缸内部件的刚性通常很大，其自振频率很高，这种振动及辐射噪声呈高频特性。气缸内压力在一个工作循环内呈周期变化，它激起了气缸内部件的低频振动，其频率与发动机转速有关，通过发动机机体向外辐射噪声。这种混合气燃烧产生的缸内气体压力直接激振发动机结构，从而引起结构振动，并通过外部和内部传播途径传到发动机表面，由发动机表面辐射形成的空气声即燃烧噪声。燃烧噪声和机械噪声很难严格区分。

汽油机和柴油机的主要燃烧噪声一般都产生在速燃期，但汽油机燃烧过程柔和，其产生的噪声相对其他噪声来说比较小只有在不正常燃烧时会引起较大的噪声。

柴油机的燃烧噪声与其他噪声相比则不可忽视。柴油机燃烧过程可分为滞燃期、速燃期、缓燃期和补燃期四个阶段。在滞燃期内燃料并未燃烧，而是在进行燃烧前必要的物理和化学准备，气缸中的压力和温度变化都很小，此时的燃烧噪声很小。在速燃期内燃料迅速燃烧，气缸内压力迅速增加，直接影响发动机的振动和噪声，此时气缸内的压力增长率越大则发动机的冲击载荷就越大，内部零件受敲击严重，从而增加了发动机的结构振动和所辐射的噪声。影响压力增长率的主要因素是着火延迟期的长短和供油规律。一般着火延迟期越长，在此期间喷入气缸的燃料越多，压力增长率就越高。在缓燃期内，气缸内压力有所增长，但增长率较小，因此产生的燃烧噪声对整体噪声的影响不显著。在补燃期内，因活塞下行且绝大多数燃料已在前两个时期内燃烧完毕，产生的燃烧噪声很小。

控制燃烧噪声的主要途径有以下几种。

①隔热活塞。采用隔热活塞可提高缸壁温度，缩短滞燃期，降低直喷式柴油机的燃烧噪声。

②合理设置延迟喷油定时。通常喷油时间早则产生的燃烧噪声大，但过迟的喷油时间又会影响动力特性。其原因在于气缸内压缩温度和压力是随曲轴转角而变化的，喷油时间的早晚对着火延迟期（即滞燃期）长短的影响将通过压缩温度和压力而起作用。如果喷油早，则燃料进入气缸时的空气温度和压力低，这时着火延迟期缩短，燃烧噪声减少；如果喷油过迟，燃烧进入气缸时的空气温度和压力反而变低，从而又使着火延迟期延长，燃烧噪声增大，所以要设置一个最佳喷油延迟时间。

③合理设计燃烧室形状，改进燃烧室结构形状和参数。燃烧室的结构形状与混合气的形成和燃烧有密切关系，不但直接影响柴油机的性能，而且影响着火延迟期、压力升高率，从而影响燃烧噪声。柴油机的燃烧室可分为直喷式和分隔式两类。一般情况下，分隔式燃烧室的燃烧噪声比较低；直喷式燃烧室中的球形和斜置圆桶形燃烧室的燃烧噪声最低；W 形直喷式燃烧室和浅盆形直喷式燃烧室的燃烧噪声最大。

通过调节燃烧室结构参数也可降低燃烧噪声，如在涡流室式发动机中，喷油嘴的喷油方向越偏离涡流室中心而指向涡流下游，附着于缸壁面的燃料就越多，燃烧也越平静，噪声就越小。

④适当提高压缩比和延迟喷油提前角，使用高十六烷值的燃料，以缩短着火延迟期。

⑤采用进气增压，依靠进气压力和温度增高缩短着火延迟期。

⑥调节喷油泵。喷油率对燃烧噪声的影响非常大，因此可用减少喷油泵供油率的方法来减少燃烧噪声，但应注意高速性能的恶化和怠速噪声增加问题。

⑦电子控制。电子控制的柴油机，无论是采用直列泵、分配泵还是其他喷油装置的柴油机，它们都能根据转速、负荷、进气温度、EGR 率、增压压力、燃油温度、冷却液温度等精确控制喷油定时，进而控制燃烧噪声。

第二节　传动系噪声

汽车传动系是发动机及其动力总成的一部分，其中的变速器、分动器、传动轴、差速器和轮边减速器等都会产生噪声。这些分总成有大量的齿轮啮合、支承和传递轴与轴承及箱体。传动系的主要噪声源是其内部齿轮和轴承，同时也有其他机构传递而来的固体声。

一、传动系齿轮噪声及其控制

齿轮传动被广泛应用在发动机、变速器和驱动桥的总成中。齿轮传动的特点是轮齿相互交替啮合，在啮合处既有滚动又有滑动，因此不可避免地要产生齿与齿之间的撞击与摩擦。除此之外，齿轮的制造误差、安装误差及发动机曲轴的扭振使其所驱动的齿轮传动的正常啮合关系遭到破坏，这些因素都会使齿轮产生振动并发出噪声。轮齿在啮合和脱离过程中产生的周期性冲击噪声的基频即为齿轮的啮合频率。

$$f_m = \frac{n}{60} z \tag{4-1}$$

式中，n 为转速；z 为齿轮齿数。

通常当齿轮和相关旋转件在安装或制造有偏心时，除离心惯性力激发噪声外，存在偏心的齿轮旋转一周期间，两个齿轮啮合的松紧程度要发生变化，这使啮合力随齿轮传动角偏移而变化，从而激发振动和噪声。此类噪声一般表现出高频特性，而齿轮周节累积误差造成的齿轮每转一圈产生一次冲击的噪声一般表现为低频齿轮噪声。控制齿轮噪声的常用方法有如下几个方面。

1. 齿轮参数和结构形式

增大齿轮的模数会增加制造难度，使齿轮的制造误差变大，并造成工作噪声增加。此外，齿轮压力角增加也会造成齿轮啮合过程中的径向力增加而增大噪声。一般要在强度允许的条件下适当降低模数和压力角。

齿轮设计时可增加重叠系数，经验表明重叠系数高时噪声水平比较低，相反在重叠系数过大，齿轮精度不高的场合，多对轮齿同时啮合反而会加剧振动、增大噪声。

对于圆柱齿轮来说，直齿齿轮噪声最高，斜齿次之，人字形齿最低；对于圆锥齿轮来说，它按噪声大小排列的顺序为直齿、螺旋齿、双曲线齿。因此，从降低噪声的角度出发，宜优先选择低噪声的齿轮结构。

2. 齿轮的制造和工艺

正如前面所说，齿轮的精度是影响齿轮工作时振动和噪声的关键，因此尽可能提高齿轮精度是必要的。通常在齿轮粗加工和热处理后，应进行剃齿或磨齿等精加工。为减少齿轮在承载后弹性变形和制造误差（主要是基节误差和齿形误差）造成的齿顶和齿根处干涉，在齿轮加工时人们通常将干涉部分削去，这被称为齿形修缘。齿形修缘可以降低齿轮工作时的噪声。

3. 材料和结构

采用高分子材料取代传统的金属材料齿轮可以大大降低齿轮噪声。另外，对金属齿轮进行阻尼处理，如在齿轮两边涂上阻尼材料，在金属齿轮体内填充大阻尼橡胶等，以形成阻尼结构，从而达到减振降噪目的。

车辆齿轮啮合噪声往往为一种哀鸣声，其产生机理为啮合激励引起的齿轮轴扭转振动与横向振动及系统的共振，而这又增大了动力啮合及轴承力，从而引起轴承与齿轮箱的相互作用，最后导致齿轮箱及有关部件产生辐射噪声。车辆齿轮噪声的控制往往有两个途径：一为减少传递误差，包括优化齿形和提高制造精度；二为系统动力学控制，这可通过修改齿轮传动系统来实现。在重载柴油机中，齿轮冲击、喷油系统的激励和曲轴扭振激励已成为主要的噪声激励源。喷油系统凸轮轴扭振减振器、曲轴齿轮减振器和后置齿轮系统都可减少齿轮冲击噪声。

此外，适当的润滑和合理的安装也能降低齿轮噪声。

二、传动系轴承噪声及其控制

在汽车传动系中应用了大量的轴承，这些轴承不可避免地会产生噪声。单纯轴承噪声相对其他噪声来说是比较低的，往往被其他声源的噪声掩盖，但轴承对整机的支承刚度和固有频率有较大影响，支承刚度不当可能会导致整个系统共振并发出噪声。目前，发动机的曲轴轴承大多采用滑动轴承，当滑动轴承的间隙增大时，油膜压力和轴承的轴心轨迹将发生较大的变化，从而促使机体振动加剧、噪声增大。一般情况下，滑动轴承的噪声比滚动轴承的噪声小得多。

对于滑动轴承，当轴承间隙增大时，油膜压力和轴承的轴心轨迹将发生较大的变化，会促使机体振动加剧，噪声增大。当轴承间隙增大 30pm 时发动机噪声会增大 3dB。曲轴主轴承数目对噪声影响很大，当四缸机主轴承由 5 轴承改为 3 轴承时，噪声增加 2~3dB。

滚动轴承等轴承受到径向载荷时，滚动体和套圈将产生弹性变形。随着轴的旋转，轴心产生周期性跳动，使滚动体、套圈和轴承保持架之间产生撞击和摩擦声。滚动轴承的结构形式和加工精度对轴承噪声有很大影响。安装时，轴承座的精度低与刚性差会造成轴承外套圈变形；轴承的精度不好又会使轴承内套圈子变形。这两种情况都会使轴承运转时产生振动和噪声。轴的固有频率和轴承振动的固有频率相近时将引起轴的共振而激发噪声。当轴承内有杂质、灰尘，滚动体和滚道上有斑痕、压痕、锈蚀时，轴承会产生周期性的振动和噪声。此外，在低温时轴承也会由于润滑剂性能改变产生很强的噪声。

要降低轴承噪声首先应提高轴承制造精度，保证轴承内、外滚道和滚动体表面无波纹和其他缺陷，还有轴承各部分尺寸准确；其次应提高轴承座的精度和刚性。

四缸发动机在全加速时往往有一种间歇的隆隆声，它多为不稳定的曲轴耦合扭振或横振与有周向间隙的轴承相互作用而致。这种隆隆声的主要频率成分的幅值存在着调制，幅值调制与曲轴转速的 0.5 或 1.5 阶次有关，而频率本身与转速无关，往往被认为是与轴承的参数激励有关。

第三节　发动机空气动力噪声

空气动力噪声是由于空气发生压力突变形成空气扰动与膨胀（如高压气体向空气中喷射）等而产生的噪声。一般说来，空气动力噪声是直接向大气辐射的，在发动机噪声的组成当中，如果不安装消声器，排气噪声的声压级是最大的，其次是进气和风扇噪声。

发动机排气噪声中包含多种气动力噪声成分。当排气阀开启时，气缸内燃烧的废气以较高的压力喷出，排气流速很大，此时紊流所产生的声功率按流速的 8 次方比例增大，频率成分主要是高频。当气流通过狭窄部位或转弯时与管壁相碰撞就产生涡流而发出噪声。当气流经过排气支管、总管和尾管时会引起管腔共鸣，对于一端开放管，其噪声频率为$f_0 = c/2l$（c为声速，l为管长），两端开放管的频率加倍。气缸排气是间歇的，它的基频为气缸数与每秒排气次数的乘积，同时也可能出现其二三倍数的高次谐波，更高次谐波则不显著。由于排气噪声是发动机的强噪声，故一般发动机均装有排气消声器。

进气噪声主要包括周期性压力脉动噪声、涡流噪声、气缸的赫姆霍兹共振噪声和进气管的气柱共振噪声。

一、进气及排气噪声

1. 进气噪声

发动机的进气噪声从成因来分析主要有两种：一种是管内的脉动噪声，另一种是涡流噪声。进气门周期性开闭会引起进气管道内压力脉动，从而形成脉动噪声。这种噪声一般表现为低频噪声，其频率为

$$f = k\frac{zn}{30i} \tag{4-2}$$

式中，z 为气缸数；n 为发动机转速；i 为发动机冲程数；k 为简谐次数。

除此之外，在进气过程中气流高速流过进气门和变截面会形成强烈的涡流噪声，其主要频率在 1 000~2 000 Hz 范围内。

目前常用的控制进气噪声的方法是将空气滤清器和抗性消声器设计成一体，空气滤清器的过滤材料采用具有吸声特性的滤清材料，这样既可以吸收涡流高频噪声又可以降低脉动噪声。

2. 排气噪声

排气噪声的产生原因和进气噪声类似，其也可分为两类：一种是管内的、具有基频的脉动噪声，另一种是涡流噪声。

排气噪声在频率谱上表现为明显的低频特性，它与排量、转速、轴功率及平均有效压力密切相关，排气噪声的噪声级对于不同的发动机有一些相关的经验公式可以进行预测，需要时可以查阅相关手册。

二、风扇噪声

风扇噪声在风冷发动机上往往是主要的噪声源之一。风扇噪声由旋转噪声和涡流噪声组成。旋转噪声又叫叶片噪声，它是由于旋转叶片周期性地切割空气引起空气压力脉动而产生的，其基频为

$$f = \frac{nz}{60} \tag{4-3}$$

式中，n为风扇转速；z为叶片数。

除基频外，它的高次谐波有时也比较突出。风扇转动使周围气体产生涡流，此涡流由于黏度力的作用又分裂成一系列分立的小涡流，涡流分裂使空气发生扰动，形成压缩与气流而产生涡流噪声。它一般是宽频带噪声，主要峰值频率为

$$f = \frac{kv}{d} \tag{4-4}$$

式中，$k = 0.15 \sim 0.22$为常数；v为风扇圆周速度；d为叶片在气流入射方向上的厚度。

由式（4-4）我们可知，主要峰值频率与v成正比，而由于旋转叶片上各点的圆周速度随着与圆心距离的不同而连续变化，故呈明显的连续性。

一般情况下，风扇噪声比发动机本体噪声低得多，但在高转速时风扇噪声将迅速升高。

要降低风扇噪声，首先应改进叶片形状，使之有较好的流线型和合适的弯曲角度，保证表面有很低的粗糙度，从而降低涡流强度，减少噪声，但叶片的形状改变不能降低其动力性能；其次采用复合材料作为叶片材料或对叶片材料进行阻尼处理均可起到降低风扇噪声的目的。

练习题

题 4.1　发动机及其动力总成的噪声是如何分类的？

题 4.2　论述活塞敲击噪声及其控制方法。

题 4.3　发动机燃烧噪声是如何产生的？怎样才能加以控制？

题 4.4　齿轮噪声中的高频噪声和低频噪声产生的主要原因是什么？如何降低齿轮的噪声？

题 4.5　论述轴承噪声产生的原因及控制方法。

题 4.6　进气和排气噪声产生的原因是什么？针对脉动噪声和涡流噪声应如何设计消声器？

参考文献

［1］高波克治．汽车振动噪声控制技术［M］．刘显臣，译．北京：机械工业出版社，2017.

［2］刘显臣．汽车 NVH 性能开发［M］．北京：机械工业出版社，2017.

［3］庞剑．汽车车身噪声与振动控制［M］．北京：机械工业出版社，2015.

［4］陈克安．有源噪声控制［M］．2 版．北京：国防工业出版社，2014.

［5］舒歌群，高文志，刘月辉．动力机械振动与噪声［M］．天津：天津大学出版社，2008.

［6］张铖．汽车噪声产生原理及控制技术［J］．轻型汽车技术，2019（增刊 1）：7-14.

［7］徐美滟．汽车噪声控制方法分析［J］．科技创新与应用，2018（24）：114-115.

［8］王蓉，易侃．汽车室内噪声分析及控制［J］．科技视界，2017（9）：160.